云冈石窟

彪炳千秋的北魏佛国

李立芬 郭静娜 著

丝路物语书系

主编 李炳武

西安出版社

图书在版编目（CIP）数据

彪炳千秋的北魏佛国——云冈石窟 / 李炳武主编
. —— 西安：西安出版社，2020.12（2024.4重印）
ISBN 978-7-5541-5082-5

Ⅰ.①彪… Ⅱ.①李… Ⅲ.①云冈石窟-介绍 Ⅳ.
①K879.22

中国版本图书馆CIP数据核字(2020)第248577号

丝路物语 书系

彪炳千秋的北魏佛国
云冈石窟
BIAOBING QIANQIU DE BEIWEI FOGUO
YUNGANG SHIKU

出 版 人：	屈炳耀
主　　编：	李炳武
著　者：	李立芬　郭静娜
策划编辑：	李宗保　张正原
项目统筹：	张正原
责任编辑：	张正原
特约编辑：	杨　柳
美术编辑：	李南江
责任校对：	曹改层
责任印制：	尹　苗
出版发行：	西安出版社
社　　址：	西安市曲江新区 雁南五路1868号影视演艺大厦11层
电　　话：	（029）85253740
邮政编码：	710061

印　　刷：	三河市华东印刷有限公司
开　　本：	787mm×1092mm　1/16
印　　张：	12.75
字　　数：	109千
版　　次：	2020年12月第1版
印　　次：	2024年4月第3次印刷
书　　号：	ISBN 978-7-5541-5082-5
定　　价：	78.00元

如有印刷、装订问题，本社负责另换。

序一

阅读文物　拥抱文明

郑欣淼

文物所折射出的恒久魅力，已为越来越多的人所认识。今天呈现在读者面前的这部"丝路物语"书系，就是这一魅力的具体体现。

"让收藏在博物馆里的文物、陈列在广阔大地上的遗产、书写在古籍里的文字都活起来。"（习近平语）党的十八大以来，习近平总书记担负着实现中华民族伟大复兴的历史重任，饱含着对传统文化的深厚感情，让文物活起来始终为其所关注、所思考。让文物活起来，就是深入挖掘文物的内涵，充分发挥文物的作用。中国文物是中华民族的文明印记和精神标识，是全体中国人乃至全人类的珍贵财富；它对于激发人民群众对中华优秀传统文化的了解、认同和热爱，坚定文化自信，汇聚发展力量等作用是不言而喻的。

近年来，一些优秀的文物类书籍、综艺节目、纪录片、文化创意产品等不断涌现，文化遗产元素成为国家外交的桥梁，文物逐渐成为"网红"并受到越来越多年轻人的青睐，这些都充分彰显着"让文物活起来"已逐渐从理念转化为行动，那些在历史长河中积淀下来的文物珍存正在不断走近百姓、融入时代、面向世界。

说到文物，不能不把眼光聚焦于丝绸之路。人类社会交往的渴望推动了世界文明间的相互交融和渗透，中华文明与亚、欧、非三大洲的古代文明很早就发生接触，相互影响，相互交流。直到1877年，德国地理学家李希霍芬在他的著作《中国——我的旅行成果》里首次提出了"丝绸之路"的概念。近半个世纪以来，随着丝绸之路考古发现和学术研究的不断深入，极大地开阔了人们的视野。特别是"一带一路"倡议的全面推进，丝绸之路研究更成为国际显学。在古代文明交流史上，丝绸之路无疑是极其璀璨的一笔。它承载着千年古史，编织着四方文明。也正因为丝绸之路无与伦比的历史积淀，形成了独特的历史文化遗产，其数量之大、等级之高、类型之丰富、序列之完整、影响之深远，都是世所公认的。神秘悠远的古代城址、波澜壮阔的长城关隘烽燧遗址、精美绝伦的艺术品、气势磅礴的帝王陵墓、灿若星辰的宫观寺庙、瑰丽壮美的石窟寺……数不清道不尽的文物珍宝，足以使任何参观者流连忘返，叹为观止。2014年，"丝绸之路：长安—天山廊道的路网"成功跻身《世界文化遗产名录》，使丝绸之路迎来了新的历史机遇，也对广大文化文物工作者提出了新的要求。

"让文物说话，把历史智慧告诉人们。"这是习近平总书记的谆谆嘱托。中华文化优雅如斯，如何让文物说话，飞入寻常百姓家，是当下无数文化界人士亟待攻坚的课题，亦是他们光荣的使命。客观来讲，丝绸之路方面的论著硕果累累，但从一般读者角度，特别是从当下文化与旅游结合角度着眼的作品不多，十分需要一套全面系统地介绍丝绸之路文物故事的读物。令人欣喜的是，西安出版社组织策划了这套颇具规模的"丝路物语"书系，并由李炳武先生担任主编，弥补了这一缺憾。李炳武先生曾经长期在文物文化领域工作，也主持过"中华国宝·陕西珍贵文物集成""长安学丛书"和《陕西文物旅游博览》等大型文物类图书的编纂工作，得到了业界的充分肯定；加之丛书的作者都是有专业素养的学者，从而保证了书稿的质量。

如何驾驭丝绸之路这样一个纵贯远古到当今、横贯地中海到华夏大地的话题，对于所有编写者来说，都是具有挑战性的。这套书的优点或者说特点，可以概括为以下几个方面：

这套书最大的一个优点，就是大而全。从宏观的视野，用简明的线条，对陆上丝绸之路的博物馆、大遗址进行了全景式梳理，精心遴选主要文物，这些国宝的历史、艺术和科学价值在字里行间一一呈现。

丝绸之路文化遗产类型丰富，作者在文中并没有局限于文物本身的解读，还根据文物的特点做了大量的知识拓展，包括服饰的流变，宗教的传播，马匹的驯化，葡萄等水果的东传，纸张的发明和不断改进，医学的发展，乐器、绘画、雕刻、建筑、织物、陶瓷等视觉艺术的交互影响，等等。其中既有交往的结果，也有战争的推动。总体而言，这些内容是讲述丝绸之路时所不可或缺的内容，使读者透过文物认识了丝绸之路丰富的文化内涵。

值得称道的是，这套书采取探索与普及相结合的方式，图文并茂，力求避免学究气的艰涩笔调，加入故事性、趣味性，使文字更具可读性，达到雅俗共赏的目的。通过图书这一载体，能够使读者静静地品味和欣赏这些文物，传达出对历史的沉思和感悟，完善自己对文物、丝绸之路和文化的认知。读过这套书后，相信读者都会开卷有益，收获多多，文物在我们眼中也将会是另一番面貌。

我们有幸正处于坚持以人民为中心的改革发展伟大时代，每一件文物，都维系着民族的精神，让文物活起来，定会深入人心、蔚为大观。此次李炳武先生请我写序，初颇踌躇，披卷读来，犹如一场旅行，神游历史时空之浩渺无垠，遐思华夏文化之博大精深。兼善天下，感物化人历来是每一个中国知识分子的精神所属，若序言能为一部作品锦上添花，得而为普及民众的文物保护意识起到促进作用，何乐而不为？

是为序。

·郑欣淼·
原中国文化部副部长、故宫博物院原院长、中华诗词学会会长、著名历史文化学者。

序二

丝路物语话沧桑

李炳武

2013年9月，中国国家主席习近平访问哈萨克斯坦时，在纳扎尔巴耶夫大学发表演讲，首次提出共同构建"丝绸之路经济带"的宏伟倡议。2014年6月，"丝绸之路：长安—天山廊道的路网"成功跻身《世界文化遗产名录》。

丝绸之路是世界上路线最长、影响最大的文化线路。丝绸之路是指起始于古代中国的政治、经济、文化中心——古都长安（今西安）连接亚洲、非洲和欧洲的古代陆上商业贸易路线。它跨越陇山山脉，穿过河西走廊，通过玉门关和阳关，抵达新疆，沿绿洲和帕米尔高原通过中亚、西亚和北非，最终抵达非洲和欧洲，向南延伸到印度次大陆。这条伟大的道路沟通了中国、印度、希腊三大文明，它是一条东方与西方之间经济、政治、文化进行交流的主要道路，促进了欧亚大陆不同国家、不同文明之间在商贸、宗教、文化以及民族等方面的交流与融合，为人类社会的共同发展和繁荣做出了卓越贡献。

公元前138年，使者张骞受汉武帝派遣从陇西出发，出使月氏。13年中，他的足迹踏遍天山南北和中亚、西亚各地。在随后的2000多年间，无数商贾、旅人沿着张骞的足迹，穿越驼铃叮当的沙漠、炊烟袅袅的草原、飞沙走石的戈壁,来往于各国之间,带来了印度、阿拉伯、波斯和欧洲的玻璃、红酒、马匹,宗教、科技和艺术,带走了中国的丝绸、漆器、瓷器和四大发明,举世闻名的丝绸之路渐渐形成。

用"丝绸之路"来形容古代中国与西方的文明交流,最早出自德国著名地理学家李希霍芬1877年所著的《中国——我的旅行成果》一书。由于这个命名贴切写实而又富有诗意,很快得到学术界的认可,并风靡世界。

近年来,丝绸之路迎来了新的历史机遇,沿丝绸之路寻访探秘的人络绎不绝。发展丝路经济,研究丝路文明,观赏丝路文物成了新时代的社会热潮。中央文化产业发展专项资金资助项目"丝路物语"书系,便应运而生。在本书和读者见面之际,作为长安学研究者、"丝路物语"书系的主编,就该书的选题范围、研究对象、编写特色及意义赘述于下:

"丝路物语"书系,以"丝绸之路:长安—天山廊道的路网"遗产及相关博物馆为选题范围。该遗产项目的线路跨度近5000千米,沿线包括了中心城镇遗迹、商贸城市、聚落遗迹、交通遗迹、宗教遗迹和关联遗迹五类代表性遗迹以及沿途丰富的特色地理环境。共计包括3个国家的33处遗产点,其中吉尔吉斯斯坦境内3处,哈萨克斯坦境内8处,中国境内22处。属丝绸之路东段的重要组成部分,在丝绸之路交通与交流体系中具有独特的起始地位和突出的代表性。它形成于公元前2世纪,兴盛于公元6至14世纪,沿用至16世纪,连接了东亚和中亚大陆上的中原地区、河西走廊、天山南北与七河地区四个地理区域，分布于今中华人民共和国、哈萨克斯坦共和国和吉尔吉斯斯坦共和国境内。沿线遗迹或壮观巍峨，或鬼斧神工，或华丽精美，见证了欧亚大陆在公元前 2 世纪至公元 16 世纪之间人类文明进步的重要阶段，以及在这段时间内多元文化并存的鲜明特色。

"丝路物语"书系，每册聚焦古丝绸之路上的一座博物馆、一处古遗址或一座石窟寺，力求立体全面地展示丝绸之路上的历史遗存、人文故事和风土人情。这是一套丝绸之路旅游观光的文化指南，从中可观赏到汉代桑蚕基地的鎏金铜蚕，饱览敦煌石窟飞天的婀娜多姿，聆听丝路古道上的声声驼铃。古丝绸之路是人类文明的宝贵遗产，记录着社会的沧桑巨变，这也是一部启封丝路文明的记忆之书。

"丝路物语"书系，以阐释文物为重点。文物是中华民族的精神标识。"让收藏在博物馆里的文物、陈列在广阔大地上的遗产、书写在古籍里的文字都活起来"。这对于激发人民群众对中华优秀传统文化的了解、认同和热爱，坚定文化自信，汇聚发展力量不可小觑。

文物是不可再生的国之珍宝，从中可折射出人类文明的恒久魅力。对文化的认同感与归属感应当成为一种生活状态。我们从梳理丝绸之路沿线博物馆馆藏文物、石窟寺或大遗址为契机，从文化的立场阐释文物的历史意义，每篇文章涵盖了文物信息的描述、历史背景的介绍、文物价值的分享和知识链接等板块，在聚焦视角上兼顾学术作品的思想层与通俗作品的故事层双重属性，清晰地再现文物从物质性到精神性的深层转变，着力探讨文物作为一种精神力量对历史的思考。用时空线索描绘丝绸之路的卓越风华，为读者梳理丝绸之路的文化影响，以文物揭示历史规律，彰显更深层、更本质的文化自信，激发读者的民族自豪感。"丝路物语"书系以文物为研究对象，从中甄选国宝菁华，讲述它们的前世今生。试图让读者从中感受始皇地下军团的烈烈秦风，惊叹西汉马踏匈奴的雄浑奔放，仰慕大唐《阙楼仪仗图》的盛世恢宏，这是一部积淀文化自信的启智之作。

"丝路物语"书系，以互动可读为特色。在大众传媒多元数字化的背景下，综合运用现代科技的引进更能推动文化传播的演变进入一个崭新的领域，相契于文字的解读，更透出传统文化的深邃意蕴。为多维度营造文化解读的可能性，吸引更多公众喜欢文物、阅读文物，"丝路物语"可谓设计精良，处处体现出反复构思、创新的态度。设计重点关注视觉交流的层面，借助丰富的图像资料和多媒体技术大幅强化传统文化元素可视、可听、可观的直接特征，有效提升文化遗产多维度的观感效果。古人著书立说重字画兼备，"宣物莫大于言，存形莫善于画"，所以由"图书"一词合称。本书系选用了大量专业文物图片，整体、局部、多角度展示，让读者在阅读文字之余通过精美的图片感受文化的震撼与感动，让读者更好地认知历史、感知经典，体验当代创新之趣。

"丝路物语"书系，以弘扬互利共赢的丝路精神为使命。"丝绸之路：长安—天山廊道的路网"在东亚古老的华夏文明中心和中亚历史悠久的区域性文明中心之间建立起长距离的交通联系,在游牧与定居、东亚与中亚等文明交流中具有重要意义,并见证了古代亚欧大陆人类文明与文化发展的主要脉络及若干重要历史阶段以及突出的多元文化特征,是人类进行长距离交通、商贸、文化、宗教、技术以及民族等方面长期交流与融合的文化线路杰出范例。

2000多年前,我们的先辈筚路蓝缕,穿越草原沙漠,开辟出联通亚欧非的陆上丝绸之路。这不仅是一条通商易货之道,更是一条文化交流之路。沿着古丝绸之路,中国将丝绸、瓷器、漆器、铁器传到西方,也为中国带来了胡椒、亚麻、香料、葡萄、石榴。沿着古丝绸之路,佛教、伊斯兰教及阿拉伯的天文、历法、医药传入中国,中国的四大发明、养蚕技术也由此传向世界。更为重要的是,商品和文化交流带来了观念创新。比如,佛教源自印度,在中国却发扬光大,在东南亚得到传承。儒家文化起源于中国,却受到欧洲莱布尼茨、伏尔泰等思想家的推崇。这是交流的魅力,互鉴的成果。这些各国不同的异质文化,犹如新鲜血液注入华夏文化肌体,使脉搏跳动更为雄健有力。古丝绸之路绵亘万里,延续千年,积淀了以和平合作、开放包容、互学互鉴、互利共赢为核心的丝路精神。

新时代、新丝路、新长安。2017年,习近平主席在"'一带一路'国际合作高峰论坛"上指出:古丝绸之路是人类文明的宝贵遗产。为让这些遗产、文物鲜活起来,西安出版社策划出版的"丝路物语"书系,承载着别样的期许与厚望,旨在以丝绸之路的隽永品格对话当代社会的文化建构，以高度的文化自觉唤醒当代社会的文化自信。

我们作为丝绸之路起点长安的文化工作者，更应该饱含对传统文化的深厚感情，自觉担负起实现中华民族伟大复兴的历史重任，充分运用长安学的最新研究成果，为保护、研究和传承人类文明的宝贵遗产尽心尽力，助推"一带一路"伟大事业的蓬勃发展。

精品力作是出版社的立身之本，亦是文化工作者的社会担当。"丝路物语"书系的出版，凝聚着众多写作和编辑人员的思考与汗水。借此，特别感谢郑欣淼部长的热情赐序；感谢策划人、西安出版社社长屈炳耀先生的睿智选题与热情相邀；感谢相关遗址、博物馆领导的支持和富有专业素养的学者和摄影人员的精心创作；更要感谢西安出版社副总编辑李宗保和编辑张正原认真负责、卓有成效的工作。

"丝路物语"书系的出版虽为刍荛之议、管窥之见，但西安出版社聆听时代声音、承担时代使命以及致力于激活文化遗产、传播中国声音的决心定将引领其走向更远的未来。

是为序。

· 李炳武 ·
陕西省文物局原副局长、陕西省文史馆原馆长、"长安学"创始人、陕西师范大学国际长安学研究院首任院长、三秦文化研究会会长、长安研究中心主任、著名历史文化学者。

北魏　释迦牟尼坐像（第 5 窟）　云冈石窟

078　云冈石窟中的西来纹样
汇聚中西艺术审美的精华

108　云冈石窟建筑中的西来样式
因地制宜的接纳与改变

116　云冈石窟动物形象中的西来文化
来自佛国净土的瑞兽珍禽

138　云冈石窟佛经故事中的西来文化
中西交融　心灵之旅

目录

001 开篇词

002 五世纪丝绸之路的明珠——云冈石窟
多元文化交融的真实记录

010 云冈石窟中的胡人形象
在现实生活与佛经故事中来尔复往

040 云冈石窟佛教造像溯源及发展演变
继承、融合中探寻自我的风格

056 云冈石窟中的乐舞
曼妙又婉转 娇柔而典雅

开篇词

丝路物语
云冈石窟

拓跋鲜卑起源于漠北,在忍受恶劣气候的同时,他们不忘进取。在茫茫草原中,金戈铁马,一路东行。也许是他们开疆拓土的精神,又或是他们无所拘束的性格,让异域文化在北魏平城大放异彩,并为云冈石窟染上了浓重的色彩。云冈石窟是北魏王朝在历史长河中留下的一部史书,在近1600年的风雨中留存至今。行走在窟群中,仿佛回到了平城的街道,看着熙攘的人群,似乎还听到了商贩的叫卖声。伎乐手持乐器演奏着美妙的音乐,飞天身披佩帛在石窟中翩翩起舞。天竺、龟兹等地的西来乐器为佛乐增添了别样的异域风情,还有平城的商人、僧侣、乐伎、工匠……他们的身影永远镌刻在了石壁上。

五世纪丝绸之路的明珠
——云冈石窟
多元文化交融的真实记录

在北魏文成帝的支持下,来自西域的高僧昙曜主持开凿了云冈石窟。多元文化在云冈石窟的完美呈现,不仅是文化交融的极致,更是历史轨迹的真实再现,云冈石窟这颗5世纪丝绸之路上的明珠,在历史的长河中仍孕育着新的文明。

鲜卑族的一支——拓跋鲜卑起源于额尔古纳河、大兴安岭地区,北方游牧民族的彪悍与擅战融入于世代鲜卑族的精魂之中。他们开疆拓土,一路东迁,不仅将朔北的粗犷带到中土,更将中原的文明包容其中。

拓跋鲜卑部开放的文化态度加速了部族的封建化。公元398年,北魏道武帝拓跋珪定都平城(今山西省大同市),改国号为魏。为巩固政权,加速政治、经济的发展,北魏统治者不断加强与外界文化的交流,平城也逐渐成为当时的政治、经济、文化中心。丝绸之路是当时对外交流的主要通道,平城时代的丝绸之路与西汉时期的状况较为相似,此时的丝绸之路分为东、中、西三段。东段的起始位置为平城至玉门关,中段为玉门关至

云冈石窟外景

巴尔喀什池,西段为巴尔喀什池至地中海。

　　北魏平城时代对外交流的方式主要是征战和贸易,除此之外还有入仕、和亲以及传教等方式。太武帝拓跋焘文韬武略,气度非凡,先后征讨了柔然、夏国、北燕、北凉等地,在不断的征战中不仅逐步统一了黄河流域,也将能工巧匠、僧侣、百姓迁到了平城,客观上促进了文化的交流。与此同时,由于北魏统治者及贵族均对西方物品颇为喜爱,据文献记载,宫廷中的陈设和用具皆是外来物品,如中亚的毛织品、大秦的玻璃器、萨珊波斯的金银器等,

云冈石窟外景

可见当时贵族以使用外来物品为风尚，因此对外贸易一直受到北魏统治者的重视。公元4世纪以来，中亚胡商在河西走廊的敦煌、酒泉、姑臧等地进行贸易，在北魏统治势力到达西域之后，胡商与北魏的贸易往来也日益频繁。从西亚、中亚地区输入的珍禽异兽、金银器皿、玻璃、香料、毛织物、葡萄酒等被皇室贵族视为珍宝。该时期的墓葬壁画中，不仅再现了中西文化交流的场景，同时西来文化的特征也跃于画面之上。墓葬中出土的金银器、银币、玻璃器等，也均是北魏平城时代对外交流的实物佐证。

云冈石窟第5窟

　　此时佛教徒也成为丝绸之路活跃的角色之一，来自古印度、罽宾、龟兹等地的沙门，将西来文化传入中国内地。与此同时中土的高僧也远赴西域、天竺等地求取佛经，中西僧侣穿行于丝绸之路，将西来的佛教文化深深植根于中国。佛教沿着丝绸之路，从古印度到西域，再到河西地区，之后传入平城。丝绸之路沿线石窟的开凿也进入高潮期，不仅数量繁多，而且规模庞大，西来文化与当地文化相融合在沿线石窟中大放异彩，多元文化也随之传入了平城地区。

云冈石窟中的胡人形象

在现实生活与佛经故事中来尔复往

云冈石窟不仅是当时皇族祈福的佛教圣地,同时也是对当时社会状况及文化背景的再现,因此在石窟中就出现了许多具有胡人特征的形象,这些形象有的位于洞窟顶部,有的位于佛龛旁,还有的位于须弥座之下。

北魏都城平城内除有各国的外交使节,还有定居于此的胡人。这些胡人有胡商、战俘、工匠、僧侣、乐工,还有入仕的官员。他们有的来自南亚天竺,有的来自西亚波斯,还有的来自塔里木河流域的于阗、龟兹、疏勒等地。这些形象在云冈石窟的雕刻中显现,同时也出现在北魏平城时期的墓葬中,5世纪活跃在平城的胡人,在北魏的文物遗存中变得鲜活起来。

北魏时,西域诸国如于阗、龟兹、焉耆、乌孙、疏勒均与北魏保持着密切的关系。于阗位于丝绸之路的南道,不仅盛产美玉、丝绸,大乘佛教也十分盛行。文成帝时,于阗王将国主女远嫁平城,与北魏建立了良好的关系。龟兹是西域重要的城邦之一,东通焉耆、西通姑墨、北通乌孙。此

地盛行小乘佛教，石窟寺林立，也是龟兹乐的发源地，同时冶铁业也十分发达。北魏太延三年（437）龟兹首次遣使朝贡。太平真君九年（448），太武帝大破龟兹，由此龟兹与北魏往来不绝。车师国是西域城邦之一，东南通敦煌，南通楼兰、鄯善，西通焉耆，西北通乌孙，东北通匈奴，扼丝绸之路要冲。早在北魏太延三年（437）车师国就遣使朝贡北魏。太平真君十一年（450），车师国国王车伊洛遣使北魏，请求太武帝赈济车师国百姓。车师国最终被高昌沮渠氏所灭，其王子车歇也被遣往平城当侍子。公元451年，车伊洛也来到平城，被赐予妻妾、奴婢、田宅、牛羊，并拜为上将军，称车师王。乌孙国原居于祁连、敦煌之间，南北朝时迁到葱岭北部。太延三年（437）北魏使臣到达乌孙，受到乌孙王的礼遇，之后乌孙王遣使平城朝贡。悦般为北魏时期西域的邦国，最初在龟兹以北游牧，太延三年（437）董琬、高明出使西域途经悦般会晤悦般王，与悦般国建立了良好的关系，随后悦般王遣使北魏。疏勒国为西域古国，是东西交通的枢纽，也是古丝绸之路南北两道的汇合点以及佛教文化传播的首站。太延三年（437）疏勒王遣使朝献，至此不绝。

北魏除与西域各国来往频繁，与中亚、西亚以及东罗马地区诸国交往也甚为紧密。北魏太延三年（437）太武帝派董琬、高明等出使乌孙、大宛等国，同西域十余国建立了良好的关系。大宛位于今乌兹别克斯坦的费尔干纳盆地，自北魏太延三年（437）与之建立了良好关系后，大宛曾六次遣使北魏，其中三次进献汗血宝马。位于锡尔河和阿姆河之间的悉万斤国，自孝文帝延兴三年（473）至太和十五年（491）年间曾六次遣使朝献。粟特地处欧亚大陆交通枢纽，利用地理优势的粟特人擅经商，无所不至。太延五年（439）北魏灭北凉，姑臧城内的粟特人全部迁到平城。自太延三年（437）起至太和三年（479）十二月为止，粟特向北魏九次朝贡，且商业往来非常频繁。嚈哒5世纪时居于阿姆河上游，国势渐盛，其王都拔底延城在今阿富汗北部的法札巴德。北魏文成帝太安二年（456）嚈哒遣使赴平城朝贡。波斯萨珊王国是丝绸之路的重要结点，北魏定都平城时期，波斯曾五次遣使朝贡，往来十分频繁，打通了波斯与北魏的往来通道。北天竺的罽宾以及西天竺分别于太武帝正平元年（451）、孝文帝太和元年（477）遣使北魏。东罗马帝国北魏时称普岚，据文献记载普岚曾分别于北魏文成帝太安二年（456）、和平六年（465）、皇兴元年（467）三次遣使朝贡。

北魏与西域各国以及中亚、西亚、东罗马等地区的国家均有较为频繁的往来，通过丝绸之路进行多方面的交流，北魏平城也呈现出前所未有的繁荣景象，成为当时的国际大都市。

北魏时期活跃于平城的胡人主要有官员、姻亲、质子、商人、僧侣、工匠等。作为北魏平城时期的皇家石窟——云冈石窟不仅是当时皇族祈福的佛教圣地，同时也是对当时社会状况及文化背景的再现，因此，在石窟中就出现了许多具有胡人特征的形象，这些形象有的位于洞窟顶部，有的位于佛龛旁，还有的位于须弥座之下。

胡像天神

在云冈石窟第9窟前室北壁的顶部雕刻着一朵朵的团莲,有的团莲整齐地排布于藻井之内,有的团莲被飞天环绕。飞天的由来众说纷纭,有的人认为,飞天形象源自印度神话史诗《摩诃婆罗多》中的乾闼婆和紧那罗。乾闼婆又称为香音神,最早为婆罗门教中群神之一,之后被汉译佛经列为八部护法之一。据佛经记载:佛在舍卫国讲经说法时,城中有五百乾闼婆,善巧弹琴,作乐歌舞,供养如来,昼夜不离。紧那罗又称为歌乐神,最初也为婆罗门教众神之一,后来被列入佛教八部护法之一。据佛经记载:其声音清美,人身马首,如天女一般,擅长歌舞,多为乾闼婆的妻室。也有人认为飞天源于中国,早在先秦时期的《山海经》《楚辞》中就有羽化升仙的神话故事。同时在墓葬中也发现了许多羽化仙人的图像。如在湖南马王堆汉代帛画中,有神仙、羽人的造型;在甘肃酒泉丁家闸5号墓壁画中羽人背生双翼,衣裙飘逸;大同智家堡北魏壁画墓中羽人两臂绘三束羽毛,腿部绘两束羽毛,持幡飞行。还有人认为飞天是受到犍陀罗文化以及希腊文化影响产生的形象。

云冈石窟的飞天据统计有两千四百多身。从形象来分主要有高发髻飞天、逆发飞天。在云冈石窟第9窟前室的窟顶,就雕刻有逆发飞天。逆发飞天凸显浓郁的异域风格:身体健硕,面部方圆,双目深凹,眼睛突圆,上身赤裸,身披佩帛,下着犊鼻裤,露足。逆发飞天与高发髻飞天交替出现在团莲周围,围绕团莲雀跃飞舞,展现了天宫的盛景。在第9窟窟门的天井雕

云冈石窟第9窟前室窟顶部的胡像飞天、夜叉

云冈石窟第9窟窟门天井飞天

有四位逆发飞天手托摩尼宝珠飞舞的场景。这四位飞天身体健硕,脸型方圆,额生皱纹,眼眶深凹,眼睛凸圆,头发逆形竖起,于空中托举宝珠。

除此之外在前室洞窟的顶部还出现了逆发呈托举状的夜叉形象。据《妙法莲花经》记载:夜叉十分勇健,有的可以飞腾空中,有的在地面活动,在地面活动的又称为罗刹。《维摩诘经》中对夜叉也有提及,夜叉分为三种,一在地,二在虚空,三为天夜叉。其中地夜叉不具备飞行能力。可见在云冈石窟第9窟前室窟顶逆发呈托举状的夜叉为天夜叉。天夜叉逆发,上身赤裸,下身着短裤,露足,身体健硕,双臂伸直呈托举状,彰显力量的美感。

云冈石窟第7窟拱门西壁北侧三层楼阁式塔柱的侏儒力士

在云冈石窟中的塔柱之上还经常会出现力士的雕刻,如在第7窟拱门的东西两侧各雕有三层楼阁式塔柱。塔柱层间以三角纹装饰,每层中间雕刻四位力士,力士两两为一组,分布于塔柱的北面与东面。塔柱中的力士头发卷曲,面部方圆,双目圆鼓,鼻梁高挺,嘴角微微上翘,身体健硕。他们上身赤裸,斜披帔帛,胳膊上装饰臂钏,下着长裤。力士们有的右手托举塔柱,左手执物置于胸前,扭腰送胯姿态婀娜,有的右手执物置于胸前,左手托举塔柱,单脚着地呈舞蹈状,凸显异域风情。这些形态生动活泼、形象颇具胡人特征的护法形象雕刻于神圣、庄严的石窟中,为神秘的佛国世界增添了不少人间情趣。

云冈石窟第7窟拱门西壁北侧三层楼阁式塔柱的侏儒力士

云冈石窟第16窟南壁西龛下的地神

云冈石窟第16窟南壁须弥座下的地神

在云冈石窟洞窟的佛龛或是须弥座之下总是会出现身形矮小，形态生动、饱含情趣的护法形象，这样的形象一般称之为地神。地神又名坚牢地神，在古印度《梨俱吠陀》《阿达婆吠陀》等经典中被描述为具有伟大、坚固、不灭性、群生繁育等美好特征的女神，在中国大约于公元5世纪才出现于石窟的雕刻中。在丝绸之路沿线的石窟中，如克孜尔千佛洞、敦煌莫高窟、云冈石窟均有地神的表现。在云冈石窟中地神主要有两种表现形式：第一种位于菩萨像之下，呈现出托举菩萨的姿态；第二种位于佛龛或是须弥座之下，同样呈现出托举的姿态。在云冈石窟第16窟南壁的佛龛下雕有形态生动的地神。佛龛下地神的布局基本呈对称的状态，有的是左右两边各雕一身，有的左右两边各雕两身。雕刻于佛龛之下的地神头梳逆发，面部圆润，双目深，鼻梁高挺，身形矮小但体态健硕，上身赤裸，身披帔帛，下身着犊鼻裤，赤足。他们双手上举托起佛龛，双腿微曲，似乎用尽全力托举。在云冈石窟里，这些小精灵活跃在佛祖、菩萨的周围，他们的职责不仅是护持佛法，其生动活泼的形象也为庄严的佛国世界平添了生动的气息。

胡商

北魏时期统治者十分重视对外交流，因此与丝绸之路沿线的国家往来贸易较为频繁。该时期西域的使者、商人在丝绸之路这条文化、贸易的主干道上往来不绝，他们不仅与北魏建立了良好的政治、经济、文化关系，同时还在平城暂住甚至定居。这其中不仅有高车、大月氏、康国的商人，当然还有以经商闻名的粟特商人。这些胡商结伴而行，翻越崇山峻岭，穿过沙漠戈壁，带着马队与驼队浩浩荡荡由西而来。他们将西方的特产带到了平城，使平城成为当时名副其实的国际大都市。

在云冈石窟中的第12窟主室南壁下层雕刻着一组佛龛。释迦牟尼着半袒右肩的袈裟，结跏趺坐于莲花座之上。在释迦牟尼的周围雕满了供养天，他们均朝向释迦牟尼，似乎在虔诚地听释迦牟尼讲经说法。最有特点的是在佛龛最下层左右两边各雕四位头戴尖顶胡帽，身着交领直襟衣的胡商。这几位胡商双目深凹，鼻梁高挺，双手捧物供奉于佛祖前。胡商身边还雕有数只骆驼和马匹，骆驼面朝佛祖，静卧于胡商身旁。另一侧雕有马匹，马匹面向佛祖，似在虔诚膜拜。

位于云冈石窟第16窟附洞西壁第三层佛龛外侧雕刻有五位供养人。或许是由于空间的限制，这五位供养人由上至下排列，错落有致，布局巧妙，不仅将有限的空间进行了合理的安排，同时还增加了人物的生动性。这五位供养人深目高鼻，头戴尖顶胡帽，身着对襟长衫，双手合十，神态虔诚，似在虔心向佛祖礼拜。供养人之下雕刻的是马匹的形象，它们前蹄抬起，似乎正在驮物前行。整个画面再现了胡商带领马队穿过戈壁、草原来到平城进行商贸的场景。

这两幅图表现的是佛本行故事中的"商主奉食"的内容。此故事在《过去现在因果经》中有记载。故事讲述了佛陀即将去往波罗奈，此时正巧有

云冈石窟第12窟主室南壁下层东龛胡商队伍

五百商人在二商主的带领下,路经此地。二商主一位叫跋陀罗斯那,另一位叫跋陀罗黎,他们受到上天的启示,得知世尊不久将要来到此地,因此他们便在此等候世尊。果然不久之后世尊与诸位护法来到此处,此时商人们见到世尊威相庄严,十分欢喜,随即以蜜麦供养世尊。由此二商主也成为佛陀最初的在家弟子,有的佛经中也称他们为"提谓"与"波利"。

云冈石窟的雕刻不仅是对佛经内容生动化的表达,也是对当时现实社会的反映。在佛经中不仅有商主奉食的故事情节,还有须达长者奉献给佛陀祇园精舍的记载。通过佛经的描述可以看出在古印度时期商人与佛陀有着密切的关系。由于在佛教的初创期,释迦牟尼与其教徒皆是依靠信徒捐赠,他们不仅没有固定的修行处,更没有寺院经济之说,因此,当时商人

云冈石窟第16窟附洞西壁第三层佛龛外侧胡商及马队

山西省大同市文瀛路北魏壁画墓北侧棺床立面画像

以及一些拥有丰厚资财的人就成为供养佛陀及其弟子的主要力量。因此供养也成为佛教修行的重要方式之一。

石窟中的雕刻也是对现实生活的反映，由于北魏政权是以鲜卑族为主的统治集团，其开放的文化态度使该时期中西贸易十分频繁，西域胡商数量众多。由于来华的路途遥远且危险重重，因此，由中亚、西亚或是西域入华的商队一般规模很大，少则几十人，多则数百人。这些商队的形象不仅在石窟中有所表现，同时在鲜卑人或是粟特人的墓葬壁画中也有出现。鲜卑人的墓葬以山西省大同市文瀛路北魏壁画墓、北魏司马金龙墓为代表。在文瀛路壁画墓中，棺床的北侧壁上绘有胡商牵骆驼的图案。胡商深目高

山西省大同市司马金龙墓出土的胡人俑、骆驼俑

陕西省西安市北周史君墓石椁西壁浮雕

鼻、卷发，身着圆领窄袖长袍，腰间束带，足蹬长靴，左手执鞭，右手握缰。胡商所牵的双峰骆驼，驼峰间置有囊袋，再现了胡商入华贸易的场景。在司马金龙墓中也出土了胡人俑和骆驼俑，胡人头戴毡帽，深目高鼻，右臂上举，左手叉腰，其姿态呈牵引状。骆驼驻足，头高高扬起，神态生动。

粟特人的墓葬以陕西省西安市北周史君墓为代表。在史君墓石椁的西壁、北壁和东壁图像中，各有骆驼组成的商队，有的骆驼背负囊袋，有的驼队卧地休息。在北朝的贵族墓中，还经常出现胡商载货的骆驼，这些骆驼有的驮物前进，有的卧地休息，它们神态生动，嘴微张似在嘶鸣，颈部有缰绳的刻画，生动再现了当年胡商驼队的场景。

粟特人、月氏人、印度人、波

山西省大同市雁北师院墓出土的陶骆驼

斯人等为主要的入华商人。其中粟特人由于其传统善于经商，来华经商的人数比例最高。粟特位于今天的中亚阿姆河与锡尔河之间的两河流域。由九个以上的绿洲小国组成，如康国、安国、史国、石国、曹国、米国等。该地区水利发达，气候温和，便于农业。

北魏建国，在定都平城之后，逐步统一中国北方，由此中原与中亚的联系更加紧密，平城地区的粟特人逐渐增加。据史料记载于太武帝拓跋焘太延年间，柔然、车师、焉耆、鄯善、粟特等国就已经遣使者前来朝觐。来平城的粟特人中，大部分是商人和乐伎。同时，在太武帝拓跋焘攻占凉州之后，也将当地的粟特商人带到了平城。

山西省大同市方山永固陵出土的玻璃指环　　　山西省大同市南郊北魏墓群出土的磨花玻璃碗

在平城进行贸易的商人除粟特人外，还有大月氏人，他们在平城活动期间还将西方的玻璃制造技术介绍进来，致使当时中国市场上的玻璃器皿价格大跌。在平城的北魏墓葬中就出土了一些玻璃器，如墓主人为曾两度临朝听政的北魏冯太后的山西省大同市方山永固陵出土的玻璃指环。

山西省大同市南郊北魏墓葬群出土了一件玻璃碗。该碗高7.5厘米，口径10.3厘米，腹径11.4厘米。腹部和底部均有磨饰，每排35个，上下相错。圆底中心为一个直径3.4厘米的圆形凹球面磨饰，环绕其周围的6个椭圆形凹球面磨饰。玻璃碗无色透明，稍泛黄色光泽，内含少量气泡，品质较高。

2001年8月，在距离山西省大同市南4.5公里的变电站基建中，发现

山西省大同市南郊变电站 M20 玻璃瓶

了北魏墓群（编号 M20），其中出土了一件玻璃瓶。这件玻璃瓶高 3.1 厘米，口径为 2.4 厘米，腹径为 4.5 厘米。玻璃呈湖蓝色，透明度较好，内含小气泡，外表面洁净无锈。

北魏墓葬中出土的玻璃器主要采用罗马玻璃器的制作方法，即吹制成型法。这些玻璃器的出土，不仅可以清晰地看到玻璃从商品流通到技术交流的全过程，同时也是对当时社会背景的反映。魏晋南北朝时，社会动荡不安，战争连绵，国家陷入分裂割据之中。但世家大族却占有大量的土地和财富，"斗富"成风，因此，珍贵的西方进口的玻璃器就成为斗富的宝物之一，拥有大量的玻璃器也是财富和地位的一种象征。

除此之外，印度商人也常入华做贸易，他们主要从海路和陆路进入中国。波斯商人来华贸易的人数也不在少数。史料记载，北魏末年，波斯商人还代表政府给北魏送来两头狮子。另外，在北魏平城时期的墓葬中还发现许多波斯萨珊王朝的银币与金银器，这应该与波斯商人的贸易往来关系密切有关。

1970 年，山西省大同市轴承厂厂区内在施工时发现一处北魏遗址，出土鎏金錾花银碗 1 件，八曲银洗 1 件，这两件银器的器型及纹饰均表明其来自中亚或西亚，年代的下限不晚于北魏献文帝与孝文帝定都平城时期。该件鎏金银碗高 5 厘米，口径为 8.5 厘米，侈口，束颈，圆底，器物外壁等距离装饰"阿堪突斯"叶纹四组，并将器物腹部分为四等份，每两份之间装饰一个圆环，环中为一人物形象。据有关专家考证，该器物应属于萨珊波斯东北部属国。人物与装饰纹样除具有萨珊波斯特征外，也有希腊化的风格。

北魏八曲长杯呈椭圆形长盘造型，下设小圈足，口沿呈八瓣花形，沿

山西省大同市轴承厂北魏建筑遗址出土的银碗

山西省大同市轴承厂北魏建筑遗址出土八曲长杯

陕西省西安市何家村唐代窖藏白玉忍冬纹八曲长杯

下有铭刻,杯心中央有两只突起的异兽,嬉戏于水波之中,图案生动活泼,造型新颖别致,将动与静的元素结合得恰到好处。唐代以后我国偶有仿制此类器型,在陕西省西安市何家村唐代窖藏文物中,就有一件白玉忍冬纹八曲长杯。此件白玉忍冬纹八曲长杯,系和田白玉所制,口径10.2厘米,高3.8厘米,杯体呈长椭圆形,杯口为八曲葵瓣状,其内壁琢磨光滑,自口沿向下逐渐由薄渐厚,口沿仅有半毫米厚,杯外腹壁雕琢精美,整个器物迎光透明度很强。这件白玉杯堪称中西文化交融的杰作。

山西省大同市恒安街北魏墓出土金耳饰

随着北魏平城丝路东西方文化交流的不断深入，金银等饰品也进入我国中原地区。在山西省大同市南郊北魏墓葬群出土了环形金耳饰、三环挂坠环形耳饰、金丝铰链耳饰等，在山西省大同市恒安街北魏墓葬群出土了金质龙形嵌宝石耳饰1对。

该对耳饰由环身、侧饰、坠饰、链饰四部分组成，通高 14.6～17 厘米。耳饰主体为一圆环，是以一中间粗、两端细的小金棒捶打、圈制而成。环身上部圆细，装一向内的机括；下部捶揲成扁宽状，中间錾刻一人物，两侧各有一龙。人物卷发，深目，高鼻，颈佩联珠纹饰，肩以下刻覆莲。从耳饰背面可见此人头发从中间梳向两侧，颈下垂三股发髻环。两侧的龙双角长弯，张口面向人物，龙角以金珠焊缀联珠纹。环身下方以两小环扣接两坠。坠饰上方各焊接一水滴状装饰，内有金托，上嵌宝石，宝石大都脱落，

鎏金足杯上的葡萄图案

周边饰联珠纹两周。其下的坠饰一为小金棒，自上而下依次穿有扁金饰、珍珠、绿松石珠、花草纹镂空金饰和玛瑙珠；另一坠为花草纹镂空金托，中嵌水滴状紫水晶。圆环侧饰掐丝而成的图案，内嵌各色宝石，周边饰联珠纹，上为花卉，中部为人面，下部为凤鸟。耳饰构思巧妙，做工精湛，饱含着浓郁的异域风情。

除此之外，中亚、西亚的许多物产也传入了北魏平城。贾思勰在其著作《齐民要术》中就记载了葡萄种植、摘取、保存的方法。同时在山西省大同市轴承厂北魏遗址中出土的鎏金足杯，杯身饰满成串的葡萄和葡萄叶，葡萄枝蔓缠成环状，环内有五位童子，有的似在舞蹈，有的似在采摘。在云冈石窟第8窟的门拱东侧雕刻的摩醯首罗天手中握着一串葡萄，象征着丰收。这些古代遗物与遗迹从侧面反映出北魏平城时期葡萄已经广泛种植了。

云冈石窟第8窟门拱东侧摩醯首罗天手握葡萄

胡僧

魏晋南北朝时期是民族大融合、文化大交流的时代,由于当时政治、文化的特殊性,来自天竺的佛教文化迅速在北魏发展起来。大批西来的僧人,穿越河西走廊,到达中土,译经传教。据文献记载,太安元年(455),就有师子国胡沙门邪奢遗多,浮陀难提等五人,奉请三尊佛像来到京都。而师贤、昙曜、吉迦夜、常那邪舍、佛陀跋陀也成为活跃于北魏平城的主要胡僧,推动了北魏佛教的发展。

师贤(?—460)罽宾王族,后东游凉州,太武帝拓跋焘灭掉凉州后师贤来到平城,之后师贤为道人统,掌管全国的僧尼事务。

昙曜,生卒年不详,史料记载是来自西域的高僧。在太武帝灭佛之时,昙曜誓欲死守,不愿离开平城,在太子拓跋晃的劝导下,昙曜逃往了河北的中山。文成帝复法之后任命昙曜为沙门统,并主持开凿云冈石窟。在他继任沙门统之后,不仅改革了北魏的寺院经济,同时组织西域僧人翻译了佛经十四部,推动了北魏佛教的发展。

吉迦夜,生卒年不详,西域人,延兴二年(472)来到平城,与昙曜共同翻译佛经《付法藏因缘传》《方便心论》等。

常那邪舍,生卒年不详,西域人,与昙曜共同翻译佛经十四部。

胡僧活跃在北魏平城,也将其形象定格在了石窟中。在云冈石窟第18窟中就雕刻着释迦牟尼的十大弟子,这些弟子像以近似于圆雕的高浮雕手法表现,弟子鼻梁高挺,双目深凹,具有浓郁的西域人特征。

云冈石窟第18窟的弟子像

在云冈石窟第6窟中心塔柱下层主佛龛的两侧雕有供养天和护法天神。有的护法天神头梳逆发,高目深鼻,须发卷曲,扭腰送胯,姿态生动优美。这种具有胡人特征的护法往往与具有中原特征的供养天组合在一起。在第6窟窟壁上层立佛之侧有一弟子,弯眉细目,嘴角上翘,鼻梁高挺,身着一侧翻领僧衣,脚穿长靴,从装束来看明显为西域僧人。这些人物的雕刻不仅是对西来胡僧形象的再现,也反映了当时平城胡汉杂居、文化杂糅的社会状况。

云冈石窟第 18 窟的弟子像

云冈石窟第6窟护法像

云冈石窟第6窟东壁上层龛弟子像

云冈石窟佛教造像溯源及发展演变

继承、融合中探寻自我的风格

> 北魏的统治阶层拓跋鲜卑本就是一个开放的民族,在其不断东迁的过程中,其海纳百川的胸怀,促使多元文化的融合。西来文化、凉州文化与草原文化、汉文化在平城这个国际大都市相融合,绽放出娇艳的花朵。

佛教在创立之初,反对偶像崇拜,并没有佛像。在早期的佛教思想中认为任何形态的形象,都不能将精神导师释迦牟尼予以全面表现。之后受到希腊文明、伊朗、草原等多种文明的影响出现了佛像。随着佛教由天竺一路东行,传播至北魏平城,犍陀罗艺术与秣陀罗艺术也随之而来。北魏的统治者拓跋鲜卑本就是一个开放的民族,在其不断东迁的过程中,其海纳百川的胸怀,促使多元文化的融合。西来文化、凉州文化与草原文化、汉文化在平城这个国际大都市相融合,绽放出娇艳的花朵。

来自凉州的初创

凉州（今甘肃省武威市）在晋末为禅法最盛的地区，故禅僧较多，有名的禅僧有竺昙猷、释玄高、昙曜等，而其中释玄高、昙曜后来都由凉州来到平城。据《魏书·释老志》记载："太延中，凉州平，徙其国人于京邑，沙门佛事皆俱象教弥增矣。"文成帝继位后，在大肆恢复佛法的背景下，于公元460年任命来自凉州的高僧昙曜开凿云冈石窟，凉州僧团便成为开凿云冈石窟的主力，伴随昙曜而来的"凉州石窟模式"也正式拉开了云冈石窟造像的序幕。从现存相关文献来看，昙曜生平虽不详，但仍能从文献中梳理出他的生活轨迹。高僧昙曜以禅业见称，曾久居凉州，受到当时太傅的礼遇。公元439年，因太武帝平定凉州昙曜随大量僧侣、能工巧匠迁移到平城。由此也将犍陀罗、秣菟罗、凉州文化带到了平城，这些文化随着佛教的传播在平城大放异彩。

根据开凿时代的不同，云冈石窟的洞窟可分为早、中、晚三期，这三个时期洞窟的雕刻内容及表现特征也与当时的社会文化背景紧密联系，表现出不同的风格。早期洞窟为第16至20窟，由于这五个洞窟据《魏书》记载是由高僧昙曜主持开凿，故又称为昙曜五窟。昙曜五窟是云冈石窟开凿最早，气魄最宏大的窟群。其规模宏伟，雕饰瑰丽，技法熟练，为云冈艺术之精华。

昙曜五窟形制皆为大像窟，洞窟顶部为穹窿顶，平面为马蹄形。对于此类洞窟的来源，学者众说纷纭，一说仿照印度的草庐，另一说仿照鲜卑

昙曜五窟正射图（局部）

第20窟

第19窟

第18窟　　　第17窟　　　第16窟

043

云冈石窟第 20 窟旧影

民族居住的毡房。大像窟顾名思义,窟内雕刻大像,因此昙曜五窟主像均在 10 米之上,十分高大。此外,主像皆面相方圆,眉眼细长,深目高鼻,两肩齐挺,身着半袒右肩式佛装。衣纹细密,由上至下呈水波状,佛衣贴体,轮廓清晰。尽管衣纹厚重粗犷,具有犍陀罗风格,但衣饰贴体等表现则是秣菟罗艺术的形式。菩萨头戴宝冠,袒上身,斜披络腋,胸前雕龙头缨,戴臂钏,下着羊肠大裙,衣纹厚重但贴体。正如建筑大师梁思成所说:"云冈诸刻虽多犍陀罗影响,而西部五洞巨像的容貌衣褶,却带极浓厚的中印度气味的。"

禅观思想与"凉州模式"

昙曜五窟造像内容以三世佛(过去佛、现在佛、未来佛)为主,中间的主尊佛像较为高大,占据洞窟大部分空间。那么昙曜是如何通过云冈石窟的造像表现禅观的思想呢?在《禅秘要法经》与《观佛三昧海经》中都对禅观所要观的佛像内容进行了规定：禅观的佛像需要有高肉髻，面相圆满，高额广鼻，有白毫相，同时应有如蛳蚪形的胡须。对于佛像的唇部、颈部、臂部、手指、坐姿也有要求。这些描述均与云冈石窟第20窟主佛的样貌十分吻合。禅观除了观相好之外还要观立像，第16、18窟均为立像，这也是符合禅观内容的。第18窟不仅为立像，最为特殊的是佛像所披袈裟雕满了千佛。同时禅观还需观三世佛和十方诸佛，修习这种观，名为"菩萨念佛三昧"。《坐禅三昧海经》中就要求窟内以三世佛为主，同时窟内和窟外壁面雕满千佛，这与昙曜五窟的布局基本一致。

昙曜五窟的造像不仅表现了禅观思想，同时在造像风格及艺术方面也沿袭了凉州石窟的艺术风格。在昙曜的设计与规划下，云冈石窟的造像艺术风格与凉州石窟可谓一脉相承：在造像题材上以释迦牟尼、交脚弥勒菩萨以及千佛为主的题材，如第17窟主像为交脚弥勒菩萨，其他四座洞窟主像均为释迦牟尼像，而窟壁外皆布满千佛；在造像的布局上昙曜五窟也是四壁雕有飞天、弟子、胁侍菩萨等人物；在造像的风格上昙曜五窟的佛与菩萨像的风格与凉州石窟的表现手法也是一致的，造像均以近似圆雕的高浮雕表现，佛像头顶有磨光肉髻，菩萨头戴宝冠，面部均呈丰满状，深目高鼻，眉眼细长，身姿健硕；在主尊佛像着装上可以看到云冈石窟第18、19、20窟皆采用了敦煌莫高窟第268、272窟中主尊佛像的着装法。

云冈石窟不仅在造像艺术风格上对凉州石窟进行了继承，同时昙曜还将凉州石窟所具有的政治内涵也沿袭过来，使昙曜五窟不仅是僧人及佛教信徒礼拜的对象，同时还具有了一定的政治意义，从而使北魏佛教在受到灭佛的重创之后又迅速地发展起来。据有关学者研究，昙曜在云冈开凿石窟、雕刻佛像之时，就为第16至第20窟的五尊佛像赋予了一定的政治意义，即每一尊佛像代表北魏的一位皇帝，根据文献推测所代表的皇帝依次为：第20窟主佛代表开国皇帝道武帝拓跋珪，第19窟主佛代表明元帝拓跋嗣，第18窟主佛代表太武帝拓跋焘，第17窟主佛代表景穆帝拓跋晃，第16窟主佛代表复法的文成帝拓跋濬。将佛像赋予皇权的意义最早应起源于龟兹，龟兹盛行小乘佛教，多开凿石窟，同时又有皇室的支持，所以龟兹多造大像，如在《续高僧传》中有这样的记载："释慧乘，俗姓刘氏……于东都图写龟兹檀像，举高丈六……"文献记载用来携带的佛像是十分巨大的，那么推测石窟中的雕像应是更加宏伟的。龟兹主尊佛像的高大形象应代表着当时龟兹的统治者，即赋予了龟兹统治者护法王的身份，表现了佛教徒希望在统治者的支持与保护下，佛教可以兴盛发展的愿望，从而形成了龟兹盛造大像的传统。之后随着佛教的东传，龟兹的佛教文化传入了凉州，将石窟佛像赋予政治意义的人应首推北凉王沮渠蒙逊。据《法苑珠林·敬佛篇》记载："北凉河西王沮渠蒙逊为母造丈六石像于山寺，素所敬重。"可见当时沮渠蒙逊就将佛像赋予了其母的含义。所以昙曜在开凿云冈石窟时将佛像赋予皇帝的身份也可能是对北凉佛教造像文化的一种继承。

云冈石窟第20窟

云冈石窟第19窟

深刻而独特

昙曜五窟的造像不仅反映了凉州的禅观思想，继承了凉州石窟的造像模式，同时也是对北凉时期在末法思想影响下的造像内容的继承。李裕群先生就曾指出："凉州石窟、云冈石窟的开凿除禅观需要和做功德外，末法思想的流行也不容忽视。"末法即末世、末代的法，指只有佛的教法留存，而无修行正果的时期。末法是佛教发展到一定阶段的产物，一般出现在灭佛事件之后。在末法时代往往会出现大规模的造像、译经活动。在佛教曲折发展的过程中，佛教徒认识到，要想使佛教永恒不灭，就需要有强有力的护法者，即帝王的支持与保护。在龟兹的克孜尔石窟中所发现的梵文残卷中多处提到王室成员信仰佛教的情况，反映出当时龟兹王室对佛教的崇信程度以及与佛教成员的往来密切。

云冈石窟在开凿之前即文成帝复法之前，北魏佛教经历了一场前所未有的浩劫——太武灭佛事件，昙曜也在此次浩劫中受尽磨难，所以在文成帝复法后，昙曜也意识到，佛像要想繁荣、兴盛、长久地发展下去，就需要统治者的支持与保护。因此，昙曜在建造石窟时不仅赋予佛像一定的政治意义，同时在昙曜五窟造像中也都以三世佛为主要布局。昙曜在造像内容上如此重视三世佛，这与太武灭佛有着密切的关系。太武帝在灭佛之时曾下诏："虽言胡神，问今胡人，共云无有。皆是前世汉人无赖子弟刘元真、吕伯强之徒，接乞胡之诞言，用老庄之虚假，附而益之，皆非真实。"那么昙曜五窟以三世佛为主，就有借此来宣传佛教的谱系之意。另外在昙

云冈石窟第17窟

云冈石窟第18窟

曜五窟中，唯有第17窟以交脚弥勒菩萨为主像，其原因可能是护法形象的一种表现。首先弥勒本身就是在释迦牟尼涅槃后使佛教能够永久流传的护法形象，《悲华经》对北凉转轮王及转轮王窟的建造影响最大，莫高窟第254窟的交脚转轮王像所佩戴的龙头璎便可证明。在云冈石窟的第17窟的交脚弥勒菩萨像的胸前也可以看到龙头璎的雕刻，由此可以证明其应是转轮王的形象。其次第17窟同时代表了恭宗景穆帝拓跋晃，他在太武灭佛之时曾对佛像、佛经及僧人进行了保护，据《魏书·释老志》记载："时恭宗为太子监国，素敬佛道。频上表，陈刑杀沙门之滥，又非图像之罪。今罢其道，杜诸寺门，世不修奉，土木丹青，自然毁灭……恭宗言虽不用，然犹缓宣诏书，远近皆欲闻知，得各为计。四方沙门，多亡匿获免，在京邑者，亦蒙全济。金银宝像及诸经论，大得秘藏。"因此，昙曜将第17窟设计为弥勒菩萨，也就是认为景穆帝为护法之王，由此表现出浓郁的末法思想。而在文化的传播过程中来自凉州的高僧昙曜作出了巨大的贡献。

昙曜不仅主持开凿了云冈石窟，更将西域与凉州的佛教文化传入了北魏，从而使云冈石窟中的早期工程昙曜五窟的洞窟形制、雕刻风格、雕刻内容及所包含的深刻含义均受到了西域及凉州佛教文化的影响，并使云冈石窟闪现出独有的艺术特色与深刻的文化内涵。

云冈石窟第5窟左胁侍佛

在融合中变革

云冈石窟第二期工程为第1、2、3、4、5、6、7、8、9、10、11、12、13窟，这些洞窟开凿于孝文帝统治时期。由于孝文帝推行了一系列汉化政策，犍陀罗、秣菟罗文化，鲜卑文化、汉文化在此时相互融合，因此该时期的石窟造像也呈现出多元文化相融合，胡汉文化过渡的状态。譬如云冈石窟第5窟主室左侧胁侍佛，磨光肉髻，面部长圆，略显清秀，眉眼细长，鼻梁高挺，嘴角微微上翘，细颈削肩，身着褒衣博带式袈裟。犍陀罗佛教艺术的特征与汉民族的审美相结合，令此时的雕像略显秀美。

云冈石窟三期洞窟是孝文帝迁都洛阳后，由官职较低或是具有一定经济实力的阶层开凿的。主要集中于第20窟以西的第21窟至第45窟。该时期由于吸收了汉民族的文化，造像脸部瘦长，眉眼细长，嘴角微微上翘，细颈削肩，身着褒衣博带式袈裟，呈现出"秀骨清像"的造像风格。

孝文帝迁都洛阳之后又开凿了洛阳龙门石窟，"秀骨清像"的造像风格又影响着洛阳龙门石窟的北魏雕刻，并进一步影响到全国。至此，佛教造像完成了"改梵为夏"的演变过程。

伴随着佛教文化在丝绸之路传播，相关文化随之传入北魏平城，北魏拓跋鲜卑的开放政策，也促使外来文化与中国传统文化的相互融合，云冈石窟不同时期的雕刻由于所蕴含文化的不同而呈现出不同的样貌，这不仅是佛教艺术的完美再现，同时也是对当时社会政治、经济、文化的反映。

云冈石窟第 29 窟南壁东侧释迦牟尼像

云冈石窟中的乐舞

曼妙又婉转 娇柔而典雅

> 云冈石窟的洞窟中再现了佛国世界的天宫伎乐。伎乐天手持乐器，演奏着美妙的佛国音乐，飞天盘旋在莲花周围，伴随着天乐翩翩起舞。

丝绸之路的繁荣以及佛教的东传，促使中亚、西亚以及西域各国的音乐、舞蹈艺术传入北魏平城。中西文化艺术的交流融合，使当时的音乐、舞蹈艺术异彩纷呈。

东晋十六国时期，战乱较多，整个北方长期处于混乱状态。由于政权更迭较为频繁，因此汉、魏以来的乐舞文化并没有得到发展。鲜卑族拓跋氏在建国之后，崇尚汉文化的北魏统治者不仅逐步恢复西周以来的礼乐制度，同时对文化的包容态度也使西来的乐舞文化在北魏平城扎根、发芽。

公元398年，北魏将都城由内蒙古和林格尔迁至平城（今山西省大同市），同时道武帝平中山、徙山东六州民吏、高丽杂夷三十六万入平城，

云冈石窟第8窟的飞天与伎乐天

由此高丽乐传入平城。公元382年，苻坚大将吕光灭龟兹，将龟兹乐带到凉州。公元403年后凉灭亡，龟兹乐工迁至长安，北魏统一北方后，龟兹乐也传入平城。公元428年，太武帝拓跋焘大败赫连昌，攻破大夏都城统万城，获大夏古雅乐。公元436年，董琬、高明出使西域，西域诸国与北魏的交流逐渐频繁，疏勒乐、安国乐随之传入平城。公元448年，悦般国遣使向北魏求助共同讨伐柔然，太武帝应允，随着两国的频繁交流，以鼓舞为特色的悦般乐舞又传入了北魏宫廷。

云冈石窟的洞窟中再现了佛国世界的天宫伎乐，伎乐天手持乐器，演奏着美妙的佛国音乐，飞天盘旋在莲花周围，有的手持博山炉，有的手捧摩尼宝珠，环绕身躯的佩帛似乎是天神的翅膀，伴随着天乐翩翩起舞。飞天的舞姿有的刚健有力，凸显北方少数民族的阳刚之美；有的婀娜多姿，凸显汉族的柔美。据经文记载：佛国是一个充满音乐的地方，而雅正和谐的音乐对于教化信众有极大的功效，以音乐供养佛也是佛教中供养的一种。因此，在云冈石窟这座佛教圣地就出现了许多关于音乐舞蹈的雕刻。

云冈石窟的伎乐天与飞天作为佛教中的音乐神与舞蹈神，一般组合出现，他们有的雕于洞窟顶部，有的雕于洞窟四壁的上部，有的雕于门拱、明窗，还有的雕于龛楣之上。从形象上看，早中期的飞天、伎乐大多袒露上身，身披佩帛，交叉于胸前，下着羊肠大裙，赤足，身形健硕，体态笨拙，颇有印度风格，这样形态的飞天、伎乐主要出现于第7、8、9、10、11、12、13、20窟。中晚期的飞天、伎乐由于受到汉文化的影响，形象、

云冈石窟第6窟飞天

体态都产生了变化。他们头梳高髻，上着短衣，下着长裙，身形瘦削，体态轻盈。这样形象的飞天、伎乐主要出现在第6窟及西部洞窟。

云冈石窟乐伎手持的乐器主要分为弦鸣、气鸣、膜鸣三类。具体来看，属弦鸣乐器的有曲颈琵琶、竖箜篌、阮咸、五弦、琴、筝。

琵琶属外来乐器，秦汉至唐，它泛指汉族及各少数民族的多种弹拨乐器，南北朝时短颈琵琶由波斯传入。云冈石窟中近五十件琵琶雕刻基本表现的是此类。

云冈石窟第12窟前室北壁上层手持乐器的伎乐天

云冈石窟第9窟明窗西壁的伎乐天

五弦与琵琶的外形较为相似,由古龟兹传入。但其音箱小于曲颈琵琶,多为梨形,手弹、拨弹并存。在洞窟中几乎所有的乐队组合中都有此种乐器。

竖箜篌本为波斯乐器,汉代时由中亚传入中国,云冈石窟中的竖箜篌形制变化多样,有的呈三角形,有的呈弓形,形态不同,演奏方法也不同。

琴,又称七弦琴,古琴,是中国的传统乐器。古代有伏羲造琴的传说,又有士达作五弦琴的记载。在云冈石窟中由于风化的原因,琴弦的数目无法辨识。

阮咸,受弦鼗的启发而创,晋时定型。此种乐器主要雕于云冈中期洞窟,通常与琵琶组合。其演奏方式有两种:一种为横持拨弦,一种为竖持手指弹奏。

气鸣乐器主要有横笛、义觜笛、筚篥、排箫、吹叶、埙、笙、螺、角、长笛。

横笛在汉代由西域传入,由天然竹管制成,有一个吹孔,数个按孔。在云冈石

云冈石窟第12窟窟顶的夜叉手持曲颈琵琶、筚篥

窟中,横笛的雕刻有五十余种,同时一般与琵琶、排箫组合在一起,在第9窟的明窗西壁雕有两身伎乐天,他们一位弹拨琵琶,一位吹奏横笛。

义觜笛,形状与横笛相似,仅在吹孔处设置一个凸形口托,高于吹口。义觜笛长短粗细不一,左吹右吹皆可,为西凉乐、高丽乐常见乐器。

筚篥又称为悲管,其形态与箫相似,但形状较为粗短,公元4世纪,随龟兹乐传入平城。

排箫是我国传统乐器,早在四千多年前已有类似的乐器出现,据文献记载,舜时期的乐舞《韶》就是用排箫演奏的。排箫不同发音,是由参差不齐的竹管依长短梯形组合所造成。在云冈石窟中排箫的雕刻有六十余件,

云冈石窟第6窟南壁上层伎乐天

以第10、12窟最多。早中期洞窟中其形制表现为由短至长、排列有序的梯形。晚期时逐渐平整,如第38窟排箫雕刻表现为一高一低两个扁长条形。

吹叶是将叶片衔于口内,使气激之的发音技术。北方地区主要以杨柳叶制作。云冈第13、15窟就有伎乐天将树叶置于唇边演奏的雕刻。

埙是中国古老的乐器之一,早在新石器时代就已出现,一般为陶制。在云冈石窟第12窟前室的窟顶有一身高浮雕伎乐,双手捧埙正在吹奏。

笙属簧管乐器,早在殷代的甲骨文中就有记载,春秋战国时期是汉族最主要的乐器之一。笙由斗子、笙管、吹嘴三部分构成。云冈石窟中第13、38窟均有该乐器的雕刻。

云冈石窟第12窟前室伎乐

螺也称为贝，这一乐器最显著特征是外表雕有螺纹装饰，是佛教仪轨常用的礼器，一般居乐队之首，在云冈石窟的第6、9、10、11、12、16、38窟均有出现。

角是北方游牧民族放牧、狩猎的一种拟声工具，最初采用天然角制成，之后也出现木头、金属的材质。此种乐器仅见于第8窟北壁。

长笛出现在第6窟，该乐器有吹口，演奏时需要两手靠下把持按孔，由于该乐器形体较大，不便携带，后逐渐销声匿迹。

膜鸣乐器主要有腰鼓、担鼓、鸡娄鼓、齐鼓、手鼓、铜钹等。

腰鼓，广首纤腹，束于腰前，双手击打，广泛流行于北方各少数民族地区。云冈石窟中该乐器雕刻有七十余件，在乐队中出现频率较高且数量不限，在乐队中起重要作用。

担鼓，其形态如齐鼓，一头大一头小，但鼓面平坦。据《旧唐书音乐志》记载："担鼓如小瓮，先冒以革而漆之。"隋唐时专用于西凉、高丽乐部。

鸡娄鼓，鼓体球状，体小，两面蒙皮，两手拍打。六朝后半期至唐由龟兹、疏勒、高昌传来的西域乐全部都用此鼓表现。在云冈石窟第2、6窟均有鸡娄鼓的雕刻。

齐鼓，鼓身一头大一头小，两端均有圆形凸起部分，双手击打。这种鼓主要用于西凉乐，后传到高丽，第12窟就雕有此种乐器。

手鼓的形制为木框蒙皮，鼓扁平，伎乐天左手持鼓，右手拍击，形似维吾尔族打击乐器达卜，该乐器在第13窟可见。

云冈石窟第12窟持齐鼓的伎乐天

铜钹,中间隆起,手持对击,是佛教音乐中最常用的乐器。该乐器早在东晋就有记载,并于公元350年左右随天竺乐传入中国。在云冈石窟早、中、晚三期洞窟中均有该乐器的雕刻。云冈石窟的乐舞主要表现在第12窟。该窟又称为"音乐窟",在明窗及门拱均雕有伎乐天及飞天。伎乐天手持乐器演奏着佛国天籁,飞天随着音乐翩翩起舞,再现了天宫的祥和。在众多伎乐天中,最为引人注目的是位于第12窟前室窟顶四周的七身伎乐天,他们形体较大,逆发,赤裸上身,体格健硕。其中的六身皆手持乐器似在演奏,仅有一位手中并没有持乐器,他扭腰送胯,双手合十,高举过头顶,似乎在为整个乐队指挥。

云冈石窟第12窟前室

山西省大同市云波里路北魏壁画墓《宴乐图》

云冈石窟中乐器种类的多样性，文化内涵的丰富性也表现出北魏平城音乐文化的特色。拓跋鲜卑最初起源于漠北，以射猎、放牧为主要生存手段，虽崇尚乐舞，但礼俗淳朴。拓跋鲜卑是一个先进的民族，在向东不断的迁徙中，不仅吸收了多元的文化，也实现了本部落的封建化。天兴元年（398）春，道武帝拓跋珪徙山东六州民吏及徒何、高丽杂夷三十六万，百工伎巧十万余口。由此徒何、高丽音乐文化传入平城。始光五年（428），太武帝打败赫连昌，得古雅乐一部，正声歌五十曲。之后又与西域相交，又将疏勒、安国音乐带回平城。太延三年（437），悦般国与西域诸国遣使朝献，太平真君九年（448）悦般国与北魏联合征讨柔然，同时悦般国乐舞

山西省大同市雁北师院 M2 北魏彩绘幢倒伎陶俑

云冈石窟第12窟前室

也传入了平城。太延五年（439），太武帝平定凉州，徙凉州民三万余家于京师，由此西凉乐、龟兹乐传入平城。

北魏平城音乐文化的交融也表现在同时期墓葬中。在山西省大同市云波里路壁画墓中绘有极具异域风格的形象，这些形象深目高鼻，身着圆领长袍，束腿长裤，足蹬黑靴，他们手持琵琶、横笛、排箫、细腰鼓等乐器。山西省大同市雁北师院北魏墓群2号墓中幢倒伎胡俑像，头戴圆顶帽，身着圆领窄袖长袍，足蹬高靴，分腿而立。一伎人仰头以额顶幢，右手叉腰，左手扶幢。幢上有两人正在表演，动作惊险，但姿态优美。四周围绕六位助兴的乐人，虽然乐器遗失，但从姿态看应是为表演者演奏乐曲，表演者随着乐曲上下翻飞。从表演者的装束以及表演形式来看，皆饱含浓郁的西来文化。

云冈石窟中不仅表现了伎乐天手持乐器演奏佛乐的生动场面，还表现了飞天随乐舞蹈的景象。舞蹈形式多样，异彩纷呈。拓跋鲜卑本是游牧民族，性格豪放，喜欢自娱自乐，因此，云冈石窟中飞天的舞蹈兼具刚劲与秀美的特色。在第12窟前室门

云冈石窟第 7 窟窟门门拱处飞天

山西省大同市南郊仝家湾北魏墓M9《宴饮图》

楣处雕有乐舞群。在伎乐天的伴奏下,两边四位舞者翩翩起舞。左面两人,位于上面的舞者右手托掌高举,左手叉腰,曲右腿而立,舞姿刚劲有力。下面的舞者右手托掌,左手抱住曲膝的右腿,这个动作与京剧中"跳门槛"的动作十分相似。在第7窟窟门门拱处雕有一身飞天,姿态优美,四肢灵活,腾空而起,兼具阳刚之力。

　　北魏平城时期的舞蹈形象不仅出现在石窟中,在同时期的其他墓葬中也有表现。山西省大同市南郊仝家湾北魏墓M9的壁画表现了墓主宴饮的场景。在宴饮场景中,最引人注目的是画面的右侧一头戴圆顶帽的伎人以额顶幢,幢杆之上有六位伎人在翻飞舞蹈,旁边的伎人有的在欢呼助兴,

云冈石窟第 38 窟幢倒伎

有的在演奏乐曲。在云冈石窟第 38 窟也雕有幢倒伎。画面分为两部分，右侧为百戏杂技表演，六人一组叠成三层的叠罗汉，旁边三人进行倒幢表演，幢顶一人横卧倒垂，中间一人正在向上攀爬，动作十分惊险。周围有四位伎人在演奏乐器，从图像辨识分别为筚篥、横笛、琵琶、细腰鼓。画面的左侧为一骑马者，头梳高髻，有侍从为其撑举华盖。该图像表现的似乎是街头百戏表演的场景。

山西省大同市云波里路北魏壁画墓《宴饮图》

在山西省大同市云波里路北魏壁画墓中,东壁绘有《宴饮图》,表现的是墓主生前宴饮的场景。画面中位于墓主人前方绘有五位胡人伎人。他们深目高鼻,蓄须,留过耳长发,身着圆领竖条长衫,足蹬黑靴,手中分别持有琵琶、横笛、排箫、细腰鼓和行鼓,似在为墓主演奏美妙的音乐。1965年,在山西省大同市城东石家寨发现了北魏司马金龙墓,该墓出土有石雕柱座,长32厘米,宽32厘米,高17厘米。底座四壁雕有缠枝忍

山西省大同市北魏司马金龙墓石柱座

冬纹和姿态各异的伎乐天。在底座上方四角雕有四位手持乐器的童子像，齐刘海，面带笑容，上身赤裸，下身着犊鼻裤，身披佩帛，他们有的击鼓，有的弹奏琵琶，有的吹筚篥，姿态各异，栩栩如生。

云冈石窟中伎乐飞天形象的频繁出现，不仅是佛国世界的再现，同时也是对当时社会文化的反映。随着丝绸之路的繁荣，中亚、西亚及西域各国的乐舞文化传入平城，同时北魏统治者对文化的包容也促使西来乐舞文化快速传播，由此呈现出中原传统舞蹈、鲜卑本族舞蹈、西域乐舞、西凉乐舞、高丽乐舞等多元文化交融的繁荣景象。

如果说云冈石窟的乐舞雕刻倾向于佛国的圣境，那么世俗的墓葬则是对北魏平城时代音乐文化的真实反映。壁画中胡人乐师演奏的胡乐不仅是对北魏平城时期贵族日常对音乐文化的喜好表现，同时也反映了此时由于大量胡乐的引入，以教化民众为主的乐舞更显露出娱乐性。

云冈石窟中的西来纹样
汇聚中西艺术审美的精华

云冈石窟图案装饰不仅出现在佛像法衣的边缘、龛楣、菩萨的头光以及宝冠之上，还出现在龛楣、柱身、窟顶等处。这些形态各异、异彩纷呈的纹样，在千年前工匠的奇思妙想中，将西来文化与中国的传统文化不拘一格地融合起来。

在云冈石窟的窟顶、龛楣、背光以及佛衣、头冠上均有装饰花纹出现，在多元文化的渗透下以及平城工匠创新精神的影响下，这些装饰纹样种类繁多、异彩纷呈。从花纹的形态来看，云冈石窟的装饰纹样可以分为三大类：第一种为植物纹，第二种为动物纹样，第三种为其他纹样。

植物纹样

植物纹主要包括忍冬纹、莲花纹、莲瓣纹、树纹、葡萄纹等。其中忍冬纹、莲花纹不仅数量多，而且对后世的影响也较为深远。

忍冬纹

忍冬纹最早来源众说不一,有人认为最早源于古埃及,以莲花和纸莎草的藤蔓的为原型。还有人认为源于希腊的茛苕叶。此纹饰通过古希腊传入罗马,之后传入西亚、印度和中国。忍冬由于它越冬而不凋零的特性,被比作人的灵魂不死、轮回永生,这种思想与佛教轮回转世的思想较为一致,因此,忍冬纹常常出现于佛教世界之中。

云冈石窟第9窟后室西壁的忍冬纹

云冈石窟第10窟后室南壁门楣上的忍冬纹

云冈石窟的忍冬纹种类繁多,有的呈波状,藤蔓似条带般波浪起伏,两侧的忍冬交互出现于翻卷的藤蔓上。有时在藤蔓间还装饰着长尾鸟、飞天、化生童子等。第10窟后室门楣上部的横向波纹内雕有禽鸟瑞兽,有的立于波底,有的立于波上,雀鸟、瑞兽形态各异,在忍冬纹的装饰下,营造出热带密林般的氛围。第11窟南壁佛龛龛额内的忍冬纹更加生动有

云冈石窟第11窟南壁佛龛龛楣的忍冬纹

趣，在枝蔓之间的莲瓣上雕刻着合掌的化生童子。化生童子雕有头光，身材矮小但略显健硕。忍冬纹与化生童子的结合，不仅突显佛教蕴意，更是文化交融的见证。

有的忍冬纹呈环状，忍冬藤蔓对称向内弯曲成椭圆形环，并向环内伸出两枝忍冬。如云冈石窟第6窟壁面上出现的忍冬纹，忍冬向内弯曲成环

云冈石窟第6窟忍冬纹

状,自中心柱状藤蔓左右伸出枝叶。

有的忍冬纹呈四方形,此类忍冬为四出三叶忍冬纹,三叶忍冬呈对角线状向四个方向伸出,有时相邻两叶又对折向内伸出一组忍冬,此种类型的忍冬多装饰在楣拱龛、窟顶上。

忍冬纹是云冈石窟图案装饰中运用最广泛的植物纹饰,它不仅出现在佛像法衣的边缘、菩萨的头光以及宝冠之上,还出现在龛楣、柱身、窟顶等处。这些形态各异、异彩纷呈的纹样,在千年前工匠的奇思妙想中,将西来文化与中国的传统文化不拘一格地融合起来。在植物的纹饰中间装饰化生童子、飞天、雀鸟等具有宗教意义的图案,增加了忍冬纹的生动性与宗教性。与此同时,云冈石窟忍冬纹的样式还对同时期的墓葬产生了深远的影响。

云冈石窟第9窟佛龛上的忍冬纹

山西省大同市北魏司马金龙墓石棺床忍冬纹

山西省大同市北魏司马金龙墓的棺床上装饰有忍冬纹，在忍冬纹的枝蔓间装饰有伎乐天，伎乐天身体赤裸，身披佩帛，体态丰满，手持乐器演奏着音乐。旁边还雕有长尾鸟，营造出热带密林的氛围，伎乐天的婀娜体态，结合西来的植物纹样在北魏平城的文化中大放异彩。

莲花纹

莲花纹也是云冈石窟中常见的纹饰。莲花作为一种装饰纹样早在我国汉代就已经出现。在古印度的佛教建筑中，莲花已成为主要的装饰纹样。而伴随着佛教故事的流传，莲花也成为其中不可缺少的元素。佛祖释迦牟尼一降生，便会走路、说话，他向四面各走七步，地上生出七朵莲花。在佛本生故事中，莲花还是供养佛的圣洁之物。在佛国世界里，化生童子在莲花中重生。不仅如此，莲花还是佛、菩萨的装饰题材之一。云冈石窟的莲花通常出现在佛座、窟顶、头光、背光中，也会出现在门楣、廊

云冈石窟第17窟胁侍佛光头处的忍冬纹

云冈石窟第9窟西壁佛龛

云冈石窟第10窟后室窟门门楣的莲花纹

柱上。它们的形态有的为单体莲花,有的为团莲,还有的为团莲组成的装饰纹带。

云冈石窟佛光的莲花纹一般位于头光,主要以莲瓣表现,呈放射状排布于佛像头部附近。如云冈石窟第17窟胁侍佛头光的最里层装饰有莲花纹,但仅着重表现莲瓣,莲瓣排列整齐,装饰于佛像头部周围。

莲花纹还以带状的形式装饰于佛龛,在第1、2、5、6、7、8、9、10等窟均有出现,以俯莲纹连续排列,作为分割佛龛的装饰带。如第9窟前室西壁上层佛龛下装饰有莲花纹,莲瓣紧密排列,起到装饰和分割的作用。

云冈石窟第7窟窟顶的飞天与莲花

  云冈石窟的莲花纹还反映了北魏工匠的创新性，他们将莲花纹与化生童子相结合，既起到装饰作用，又具有生动性。第10窟后室的门楣处雕有莲花纹，圆形的莲花中间装饰有化生童子，童子憨态可掬，十分生动。这种形式的莲花纹表达了佛经对莲花含义的描述：在莲花中，众生皆可永生。

  莲花纹往往还与飞天成组出现，在第7、8、9、10、12等窟皆可见到。飞天围绕莲花在虚空中飞舞，姿态优美，莲花的装饰，增添了洞窟的神圣感。在第7窟顶部的平棋藻井中间雕有莲花，飞天手持摩尼宝珠，环绕莲花尽情飞舞，当仰头观望之时，飞天的动感尤为明显，再现了兜率天的华丽景象。

  在云冈石窟中莲花不仅是装饰纹样，同时还经常以莲花座的形式出现。

云冈石窟第6窟后室中心塔柱上层立佛

云冈石窟的莲花座受到犍陀罗佛教艺术影响较多，同时兼具西域特色。有的莲花座以线条表现，如第6窟后室中心塔柱上层的立佛像，足下所踩莲花座分为两部分：莲花花蕊为佛足脚踏的部分；周围雕刻莲花花瓣，花瓣呈俯开状，以线条表现。在云冈石窟第10窟后室明窗一侧，莲瓣纹呈现下缘肥大而瓣梢尖小的状态。

来自异域的忍冬纹、莲花纹，随着佛教的东传来到平城后，不仅被赋予了更为丰富的含义，同时也被广泛地运用于雕刻、织物、壁画甚至墓葬中。深远的佛教精神和中国传统的文化相结合，赋予了忍冬纹、莲花纹新的含义、新的样式。

动物纹

动物纹在云冈石窟中也频繁出现，主要有龙形纹、鸟形纹。对于动物形式的纹样，我国自古以来种类繁多，如龙、凤、饕餮、麒麟等。这些动物纹样具有图腾象征意义，表现了我国远古劳动人民丰富的想象力。随着佛教的东传，西来纹饰传入我国，在与中国传统动物纹饰相结合后，衍生出更加生动、多样的纹饰。

龙形纹样

关于龙形的雕刻，在云冈石窟主要出现在中、晚期洞窟窟顶、龛楣或窟门门楣处。龙是佛教八部护法之一。对于龙的崇拜在古印度并不存在，他们普遍对蛇十分崇拜，在佛教传入中国之后，佛经中代表蛇的"那伽"一词被翻译为中国的龙。龙是中华先民崇拜的图腾，在中国流传已久，汉代以前龙的形象已基本形成。因此，当

云冈石窟第 10 窟的仰莲

佛教文化与中国相融合时，龙纹不仅具有了更丰富的内涵，形式也趋于多样化。

云冈石窟的龙纹从形态来看，可分为三种，第一种为反顾龙。反顾龙的形象为一体两首，身作楣拱，两首对称，扭颈回头，张嘴露齿。此种形象在云冈石窟中出现最多。从佛教传播的路线出发寻找此类龙纹的踪迹，发现无论是古印度还是西域、河西地区均没有此种以龙作为龛饰的先例，

云冈石窟第7窟明窗龙纹

云冈石窟第7窟南壁龛楣龙饰

可见以龙纹装饰龛楣实在是云冈石窟的特色，不仅是中西文化交流的见证，同时也是北魏工匠的创新。云冈石窟的中期洞窟——第7、8窟明窗内边镶嵌着两条顺势而下的腾龙，龙身取代明窗棱角，龙首反顾，一爪上撑，一爪抚身，后爪跨步贴身，尾巴上扬，形象逼真，高高在上，似从天而降，这是云冈石窟中最写实、最有动感的龙形图像。

第6窟南壁龛楣上装饰的腾龙姿态最为优美，它返身回顾，长颈探伸，角耳直竖，口吐长舌，双爪挥动，临空飞舞，龙首在佛龛两侧划出优美的圆弧，动感十足。

在云冈石窟中不仅有腾空飞翔的龙，还有走兽形态的龙。走兽形态的龙最先出现在第7、8窟中，龙站立于束莲柱上，受空间限制，工匠们因地制宜地把相邻的两条反顾龙做成交首形式，既节省空间，又具有创新性。第9窟明窗两侧，出现了头长独角，脚踏莲花，身形健硕的走兽龙。第6窟中心塔柱东西大龛走兽龙则最为精美。

第二种为交首龙。交首龙上体交缠，昂头相对，身体呈横S形，有的前爪共举一物，姿态优美，造型新颖。这种龙形雕刻主要出现在第1、2、11、12、13、15等窟窟顶处。在第13窟的顶部雕有龙纹，龙纹为双龙交首的形式，龙身细长，龙身周围装饰天人，是云冈石窟最大的交首龙。

云冈石窟的龙纹不仅是装饰纹样，还具有宗教意义。第13窟顶部雕刻的二龙代表的是八龙王之一的龙王二兄弟——难陀和跋难陀。据佛经记载它们能调御风雨，深得百姓欢喜，故有"大喜"等名称。据《龙王兄弟

云冈石窟第13窟窟顶龙纹

经》记载：昔日佛陀到三十三天为母说法时，难陀和优波难陀龙王见诸沙门飞行于天上，十分恼怒，欲放大火风阻止，后来被释迦牟尼的弟子目犍连降伏，并皈依佛法。第13窟窟顶双龙周围的天人表现的就是佛经中飞行于天上的诸沙门，整个窟顶的龙纹表现的就是目犍连降伏龙王的情景，而与佛陀组合出现，又表现了龙王皈依佛法，虔诚听法的场景。

第11窟和第15窟顶各有八龙,这两个窟表现的是佛说法时八大龙王及其眷属来听法会的场景。《法华经·序品》曰:"如是我闻:一时,佛住王舍城耆阇崛山中……有八龙王难陀龙王,跋罗陀龙王,娑伽罗龙王和修吉龙王,德叉迦龙王,阿那婆达多龙王,摩那斯龙王,优钵罗龙王等各与若干百千眷属俱。"对《法华经》经文的再现,也是法华信仰的反映。

在云冈石窟中期洞窟中,龙纹呈现出多样性、程式化和图案化的特征。最为独特的龙纹出现在第6窟,在北壁大龛盝形龛龛楣上,看似环状缠枝忍冬图案实际是由立体感较强的高浮雕龙虎合体动物组成,龙头长角,大

云冈石窟第11窟窟顶龙纹

云冈石窟第6窟北壁佛龛龛楣龙纹

耳，长鼻，长舌卷曲，身躯细长卷曲成环状，后腿粗壮，尾巴细长卷曲，又突显虎的特征。龙头相对，前爪相交，动感十足。盘成的环内还装饰一身飞天。

第16窟附洞平顶藻格内的团龙首尾相接，身盘成圆形，俯身抓地，好像正在做后空翻。吻和角很长，身满鳞纹，整个龙占满方格，构图完美，是云冈石窟晚期龙形图像的代表。在第10窟门拱之上雕有须弥山的形象，山腰有二龙盘旋，头分两侧，双爪挥动。此类龙形图像是八大龙王中二龙王的体现。据《长阿含经·世纪经·战斗品》所云:"难陀龙王、跋难陀龙王以身缠绕须弥山七匝,震动山谷……以尾打海水,海水波涌至须弥山顶。"此处刻画的就是这个场景。在第38窟窟顶有诸天仆乘龙,四龙首尾连环顺时针围绕莲花飞翔,龙背上各有一人,这是世俗中乘龙升天思想的表现。

云冈石窟第10窟窟门须弥山

云冈石窟第 7 窟北壁上层龛弥勒菩萨胸饰

最后一种就是石窟中雕刻的龙形配饰。在第7、8、17窟中的交脚弥勒菩萨胸前的龙形配饰上,二龙相对,长角,长鼻,大耳,无角,张口瞪目。龙形胸饰一般出现在弥勒菩萨身上,在犍陀罗佛教艺术中已十分常见,随着佛教的东传,这一表现形式也影响到云冈石窟的雕刻。同时,这样的龙形胸饰还是"转轮王"的标志,"转轮王"其实是古代近东地区常用的一个王号,即"众王之王"和"世界君主",他拥有轮宝、象宝、马宝、珠宝、玉女宝、典兵宝、守藏之宝七宝。后来这一概念被佛教吸收并改造,被赋予了新的含义:在佛教中代表佛陀,在人间为圣明的君主。据《长阿含·转轮圣王修行经》记载:"轮宝"是转轮王特有的信物。君主若能奉行"正法",则"轮宝"自会显现空中,天下如有不服者,"轮宝"就会旋转而去,平定天下。对转轮王而言,"轮宝"是他的信物,对佛陀而言,传法的行为也被称为"转法轮"。

云冈石窟中的龙形图像不仅是外来佛教文化与中国文化交融的体现,如菩萨胸饰由蛇变龙,圆拱龛楣两头的反卷变为反顾龙以及幕帐、斗拱上的饕餮等等,还是"政教合一"思想的体现。作为皇家工程的云冈石窟,佛即是皇帝,而龙又充当了佛的护法角色,伴佛左右,同时,在中国传统文化中,龙又是皇帝的象征,龙形图像的广泛分布彰显着皇家的威严气势。除此之外,龙形纹饰还是鲜卑民族汉化的产物。龙形纹饰一般出现在中期洞窟,此时是孝文帝和冯太后共同执政时期。在中期洞窟中,龙形图像的种类、数量均是最丰富、最多的。此时龙的形象已基本定型,融合多元文化，既有粗放拙朴的异族元素，也有瘦长、飘逸汉魏遗风，同时还有北魏拓跋的雄霸气势。

云冈石窟的龙纹图像还对后世及周边石窟产生了影响。云冈石窟中的龙形图像吸收了一些狮虎的特征，这一传统延续至唐宋时期。同时"平城模式"形成后，云冈石窟的龙形图像还对洛阳龙门、辽西义县的万佛堂、辽东的高句丽墓壁画的龙形图像产生了深远影响。

鸟形纹

在云冈石窟中鸟形纹主要表现为金翅鸟。金翅鸟又名迦楼罗，本是印度神话中一种凶狠的鸟，它的翅膀由众多珍宝交织而成，是毗湿奴的坐骑。在佛教中，金翅鸟是八部护法之一。据《妙法莲华经》记载："迦楼罗，此云金翅……两翅相去三百三十六万里。"早在公元前2至1世纪时，印度犍陀罗地区的桑奇大塔的门楣上就雕有金翅鸟。

云冈石窟的金翅鸟多出现在中期洞窟中，人面、鸟嘴、羽冠，双爪粗壮有力，形象生动多变，一般出现于屋脊、龛楣、门拱两侧。在第12窟东西两壁上层的佛龛上装饰有金翅鸟，在屋型龛的顶部正中雕有正面的金翅鸟，金翅鸟头戴宝冠，人脸，双目圆瞪，突显护法的佛教意义。屋脊之上左右两边还雕有侧身的金翅鸟，它们展翅欲飞，双足伫立，尾巴上扬，与中国传统凤鸟形象较为相似，可见云冈石窟中期洞窟的金翅鸟形象充分将中国传统凤鸟的特征融入其中。

云冈石窟第12窟外室东壁的金翅鸟

湖北省襄阳市襄阳城西贾家冲出土"万岁"画像砖

金翅鸟作为佛教八部护法之一，在云冈石窟一般出现在龛楣两侧或屋脊之上，突显其护法作用。金翅鸟与中国传统的凤鸟虽产生于不同的文化体系，但随着佛教与汉文化的融合，金翅鸟也逐渐受到凤凰形象的影响。其在佛典中凶狠的形象逐渐减弱，身形更加飘逸。

其他纹饰

在云冈石窟中，除植物纹、动物纹，还有联珠纹、璎珞纹等西来纹样，这些纹样一方面表现出它们本来的文化特色，另一方面受到中国本土纹样的影响，成为后世诸多装饰纹样的范本。

联珠纹

联珠纹是由大小相同的圆圈或圆珠连续排列而成的装饰图案，是南北朝最常见的纹饰之一，一般为辅助纹样，作为不同图案的分界。联珠纹盛

云冈石窟第 17 窟主像背光的联珠纹

云冈石窟第18窟主像佛装上的联珠纹

行于波斯萨珊王朝,一般用于表示太阳光辉以及用于装饰编织物、宫廷建筑的浮雕、萨珊银币等物品,对中亚装饰风格产生了重要的影响。

  随着佛教的东传,联珠纹开始在北魏平城流行起来,在该时期的石窟、墓葬、器物、织物上均有表现。在云冈石窟中,联珠纹常常出现在佛像的背光、佛衣,菩萨的宝冠上。在第6、11、12、17窟佛像的背光上均有联珠纹的装饰。在第17窟主像的背光上,联珠纹以条带的形式出现,用于将火焰纹与其他纹样分割开来,此处的联珠纹不仅用于装饰,还起到分隔的作用。在第18、19、20窟主像的胸部衣褶处雕有联珠纹,起到装饰佛

云冈石窟第18窟胁侍菩萨头冠上的联珠纹

云冈石窟第 7 窟菩萨胸前的龙头缨装饰

衣的作用。在第 18 窟胁侍菩萨的宝冠上也装饰有联珠纹。联珠纹分布于头冠的两个部位，第一个部位为头冠正中的佛像背光处，联珠纹作为背光装饰图案出现；第二个部位为佛像背光左右两侧，联珠纹组成三角形，对宝冠起到装饰作用。

联珠纹作为一种西来纹样，被广泛、巧妙地运用于石窟雕刻之中，北魏工匠不拘泥于联珠纹的传统用法，将此类纹饰与其他西来纹样以及中国传统纹样相结合，在云冈石窟大放异彩。

璎珞纹

璎珞最早为古印度佛像颈间的装饰，是多用宝珠、宝石连缀而成的多层次饰品。随着佛教的东传，璎珞也成为我国古代女子常用的装饰品。

云冈石窟第9窟窟门的璎珞纹

在云冈石窟中,璎珞不仅是菩萨的配饰,它还是佛的供养物之一。在第9窟窟门门拱上方雕有飞天手持璎珞在虚空中盘旋的景象,璎珞由椭圆形、圆形的珠子间隔组成,不仅增加了洞窟的华丽感,同时也具有较强的宗教意义。

云冈石窟建筑中的西来样式
因地制宜的接纳与改变

石窟虽是西来样式,但云冈石窟的洞窟形制却独具特色,一方面继承了石窟的西来样式,另一方面又独具匠心。

石窟寺起源于印度,依山雕凿,是佛教建筑的重要类型。石窟寺虽雕于山壁,但与寺庙的功能性是一致的,是信徒礼拜、供养、修行的场所。随着佛教的东传,石窟寺这类佛教建筑也传入中国。

石窟从功用性来看,可分为两类,即支提窟和毗诃罗窟。支提窟也称塔庙窟,一般用于僧侣聚会、礼拜。毗诃罗窟即禅窟,是僧人修行坐禅的场所。

云冈石窟从洞窟形制来看有三种窟型,即大像窟、塔庙窟、佛殿窟。其中第16至第20窟俗称昙曜五窟,为早期窟,其洞窟形制皆为平面呈马蹄形、穹隆顶的大像窟,每座洞窟上开明窗,下开窟门,外壁雕满千佛,

云冈石窟第19窟

主像均高达十米以上。洞窟内佛像占据大部分空间，礼拜的空间较为狭小，由此使信徒产生敬畏之感。

石窟虽是西来样式，但云冈石窟的洞窟形制却独具特色，一方面继承了石窟的西来样式，另一方面又独具匠心。云冈石窟的大像窟的形制与印度、龟兹、凉州地区的石窟均不同，关于昙曜五窟洞窟的起源问题，现阶段主要有两种观点：一种认为是模仿古印度禅修的草庐；另一种认为是模仿拓跋鲜卑穹庐式的毡帐。但对比克孜尔、巴米扬石窟，可发现昙曜五窟大像窟的洞窟形制与印度本土石窟的平面形态有相似之处，可见与其仅从外在形态分析石窟起源，更应该从洞窟内部形态考虑。

云冈石窟的中期洞窟不仅数量多且形制也较为丰富，主要有大像窟、中心柱窟和佛殿窟。中期的大像窟有第5、13窟，较早期昙曜五窟有又明显的变化。第5窟继承了昙曜五窟大像窟平面呈马蹄形，顶部为穹隆顶的形制，但主像前面礼拜的空间增大，同时在主像后面增加了礼拜道，可见此时佛教的礼拜仪式成为重要的仪轨之一。佛殿窟是中期洞窟最为常见的窟型，洞窟分为前廊后室，与印度石窟形制截然不同，是仿照汉代木结构建筑样式雕凿而成，汉文化元素浓郁。第9、10、12窟就属佛殿窟，其中第9、10窟分为前廊后室，平面均为长方形，前廊雕有立柱，顶部为平棋藻井，四壁分层分段雕有佛教造像。中心柱窟在中期洞窟中也频繁出现，此类窟型的洞窟主要有第6、11窟。中心柱窟顶部为长方形，洞窟中央雕有塔柱，因此也称塔庙窟。塔庙窟在印度称为支提窟，与云冈石窟的塔庙

云冈石窟第19窟主像

窟有较大差异,印度支提窟平面呈马蹄形,窟内的左右侧、后部皆雕有立柱,洞窟后部雕有覆钵式塔。云冈石窟的塔庙窟一方面采用了汉式殿堂的结构,另一方面吸收了龟兹石窟中心柱窟的结构样式。塔柱位于洞窟的中心位置,且与窟顶相连,起到支撑窟顶作用,塔柱模仿汉式建筑形式,汉化痕迹明显。第6窟是云冈石窟保存最为完整的中心柱窟,其中塔柱高15米,分为上下两层,上层雕四方佛,下层四面也皆雕有佛教造像,形象各不相同。此外中心柱窟也是佛教"入塔观像"与禅修的理念的直观体现。

塔作为佛陀的象征物被广泛地运用于石窟中。塔源于印度,又名"窣堵波",最初用来存放佛舍利,随着佛教的发展,佛塔逐渐成为信徒礼拜的对象。窣堵波最初是由台基、覆钵、宝匣、相轮四部分组成。佛教东传后,逐渐融合汉文化,窣堵波演变为由地宫、塔基、塔身、塔顶、塔刹组成的佛塔。在云冈石窟中,佛塔以雕刻的形式出现于洞窟之中,随着佛教的东传,塔也逐渐融合了汉民族木结构建筑的元素,出现了仿木阁楼式的方形塔。

同时云冈石窟中的巨型廊柱也极具异域风格。第9、10窟为一组双窟,窟型为佛殿窟,具体形制表现为洞窟分为前后两室,前室有数根列柱。廊柱呈八角形,上窄下宽,柱基为狮子、大象。柱身南面风化严重,北面保存完整,根据北面雕

云冈石窟第9窟前廊及顶部

云冈石窟第6窟

云冈石窟第6窟

刻可以判断，列柱由上至下均雕刻千佛。有关学者根据柱子的形态认为，该列柱与希腊神庙前的廊柱十分相似，同时还融合了古印度、罗马建筑风格。吸收外来元素的柱子在中期洞窟中随处可见，有犍陀罗式、印度式、波斯式还有希腊式。譬如第10窟后室窟门旁的柱子，装饰华丽，其柱头与希腊爱奥尼亚式柱头就颇为相似，但北魏工匠并不是对希腊文化的直接利用，他们还发挥了自己的创造性，使云冈石窟的建筑样式不仅具有异域文化，还兼具北魏平城特色。

云冈石窟动物形象中的西来文化

来自佛国净土的瑞兽珍禽

云冈石窟中动物图案题材的雕刻取材广泛,表现方式多种多样,这既是对现实世界的真实反映,又再现了佛教信徒心中的佛国世界。

　　云冈石窟虽是信徒礼拜的宗教场所,但在佛教氛围浓郁的石窟中,却也有姿态各异的动物形象,为佛国世界增添了生动之感。从动物表现的意义来看,有的是佛教中的护法,如龙、金翅鸟、狮子等;有的出现在佛教故事中,如骆驼、马、牛、鹿、大象等。动物形象主要出现于云冈中期洞窟中,它们雕刻于石窟的顶部、龛楣、佛座等处,造型生动有趣。

　　龙的形象在云冈石窟中频繁出现,有时它雕刻于洞窟顶部、龛楣,以龙形纹饰出现,有时它雕刻出现于佛龛两侧或是窟门门楣,以护法的形象出现。早期洞窟中,龙的形象较少,其具体形象为双耳较小,无角,圆眼,上唇上卷,张嘴露齿。中期洞窟中龙的形象大量增加,此时龙的特征为耳

云冈石窟第9窟明窗上龙的雕刻

朵较长,角长而卷曲,长舌伸出,龙身有鱼鳞雕刻。在中期洞窟第9窟明窗上出现的龙的形象不仅特点突出,而且形式新颖。第9窟明窗兼具佛龛与明窗的双重作用。在保障洞窟光线的前提下,明窗还被设计为后室主像的佛龛。佛龛为圆拱龛,龛楣两侧雕有二龙反顾,二龙双目圆睁,长角,有耳,长鼻,露齿立于莲花之上。龙身装饰鸽子的形象,昂头鸣叫,呈飞翔状,显得十分祥和飘逸。这组图案整体动静结合,和谐统一,富于想象。在第10窟的窟门门拱处雕有须弥山,须弥山被二龙王缠绕,两侧雕有护法天王。此图案表现的是《长阿含经》卷二十一《世记经战斗品》中的故事。阿修罗身着铠甲,驾乘宝车,带领数万天兵,准备与帝释天大战。这

云冈石窟第 10 窟窟门门楣的龙形雕刻

时难陀、跋难陀二龙王用龙身缠绕须弥山七圈，此时山谷震动，天空布满薄云，天降大雨，海水涌动至须弥山顶。利刃天看着此景心中念道："此刻薄云微布，大雨将至，海水涌动，应是阿修罗欲来战斗的征兆。"这时，海中数万亿龙兵身穿铠甲，手持弓箭、刀剑等兵器，准备与阿修罗战斗。帝释天身披宝铠，乘坐战车，无数诸天护法、鬼神围绕身旁，出宫准备与阿修罗决战。阿修罗与帝释天展开决斗，虽使用了各种锋利的兵器，但都不能伤害对方。

狮子在云冈石窟中也频繁出现，一般位于弥勒菩萨两侧。据史料记载，狮子于东汉初年传入中国，其形象最早作为宫殿前装饰，之后大量出现于墓前，起到驱邪避恶的作用。南北朝时，狮子的雕刻已相当普及。佛教常以狮子作装饰图案，这可能是源于佛经中"佛陀诞生之时，曾作狮子吼"的记载。狮子的雕刻在云冈中期洞窟中出现较多，如第7窟后室北壁上层佛座两侧圆雕有小狮子，成对雕刻，其中右侧狮子微抬头侧向佛座，双目突出，小耳，张嘴露齿，爪向前伸，毛发卷曲。左侧狮子犬牙外露，长舌伸出，体型较大。根据狮子的体型判断，右为雌狮，左为雄狮。雌狮体态小巧，雄狮体态健壮，威猛剽悍，栩栩如生。这两只狮子雕刻精美，特点突出，是云冈石窟中狮子雕刻的典型代表。狮子的憨态可掬，生动有趣，与肃穆的佛、菩萨形成鲜明的对比，为庄严的佛国世界增添了乐趣。第12窟前室西壁屋檐下的狮子斗拱则是狮子另外一种表现形式，两狮子相背而卧，昂首张望，躯干连为一体，中间的饕餮面目狰狞。狮子造型与建筑构件的巧妙结合，不仅为石窟增添了生动感，同时反映出北魏工匠的创新精神。晚期洞窟中狮子雕刻的数量锐减，但第15窟西壁中层雕有一组动物图案，造

云冈石窟第7窟后室北壁上层弥勒像两侧的狮子雕刻

云冈石窟第12窟前室西壁狮子斗拱

云冈石窟第15窟西壁狮子雕刻

型优美,构思新颖。画面中间雕博山炉,两侧狮子相视而卧,小耳,双目圆睁,张嘴吐舌,长尾下垂弯曲。水草从腹部伸出,弯曲飘动,衬托出狮子的活泼可爱。狮子、鱼、鸟、水草的巧妙组合,为我们描绘了一幅祥和、安宁的图画,表达了人们对美好生活的向往。

象是云冈石窟雕刻中较为常见的动物,它虽是现实生活中存在的动物,但却不产自北魏平城,而是随着佛教的东传,由印度传入我国境内的。由于大象被认为是十分圣洁的动物,因此常出现于佛教场所中。象在云冈石窟中的雕刻较为丰富,北魏工匠一方面如实表现,另一方面大胆想象,使大象的形象具有较强的艺术写实性。云冈石窟中大象有两种表现形式:第一种表现为高浮雕,均以驮塔的形式出现。这种形式在第5窟南壁东、西隅,第6窟中心塔柱上层的角塔下,以及第9、10窟前立壁塔柱柱基下均有出现。这些象均头部硕大,眉眼细长,象鼻粗壮并向上卷曲,扇状大耳突出,无象牙或象牙较小,额、面及颈部用突起的条纹装饰,颈下及大腿根部用流苏点缀,装饰性强。象身雕于须弥座或墙内,上驮佛塔,整体造型新颖,表现手法细腻传神,具有较强的写实性和实用性。是对魏晋以来动物雕刻重形象,轻刻画传统模式的突破。

云冈石窟第5窟南壁大象驮塔雕刻

云冈石窟第6窟中心塔柱上层大象驮塔雕刻

云冈石窟第9窟柱基为大象、狮子的形象

　　第二种表现为以浮雕形式出现，这种形式一般出现于佛经故事中。第6窟佛传故事中，表现"骑象入城"的画面时，大象头部基本呈三角状，双目微闭，长鼻卷曲，前腿抬起，似乎是在行进中，大象眼睛眯成一条缝，将为释迦牟尼降生感到喜悦表现得淋漓尽致。在第9窟明窗西侧雕有"骑象菩萨"，工匠将行走在山林中的大象刻画得惟妙惟肖，生动与艺术感兼具。同时，第38窟还雕有佛经故事中"乘象投胎"的画面，象鼻前伸，象尾平直，大象飞奔的形象刻画得栩栩如生，与周围盘旋的飞天形成强烈的对比，动静结合，既符合佛教经典的要求，又凸显画面的生动有趣。这几处大象的雕刻均是云冈石窟难得的精品。

云冈石窟第6窟佛传故事—骑象回城

云冈石窟第9窟明窗骑象菩萨

饕餮原本是古代传说中龙生九子中的一子，据说它凶恶贪食。作为纹饰，饕餮的形象早在商代陶器和青铜器上就有表现。这种图案的典型特征为双角，二目，有鼻，张巨口，变化多端，具有较强的装饰效果。

饕餮在云冈石窟雕刻中数量不多，仅有几例，但雕饰精美，刻画细腻。在第7窟后室上层佛龛上装饰有饕餮兽面，饕餮纹在这里一方面作为帷帐的装饰，另一方面起到固定帷帐的作用，是对北魏现实中日常生活的反映。

云冈石窟第 7 窟饕餮雕刻

此处的饕餮纹主要表现为头部硕大，小耳，双角，双目圆瞪，牛鼻，张嘴吐舌，牙齿外露，整体形象生动有趣。在第12窟前室西壁的龛楣上装饰有饕餮的形象，此形象重点也在头部，但表情狰狞，与两旁的狮子一同起到装饰斗拱的作用，这既凸显护法的作用，同时也是北魏工匠的艺术创新。

饕餮作为中国古代特有的神话形象，不仅广泛地运用于器物、建筑之上，同时还被赋予一定的吉祥寓意。随着佛教的东传，在与汉文化融合的过程中，佛教文化中汉文化的元素逐渐增多，饕餮的形象也成为佛教圣地常用的吉祥图纹。

云冈石窟第12窟前室西壁饕餮雕刻

云冈石窟第6窟佛传故事中的长尾鸟雕刻

云冈石窟第8窟鸠摩罗天的坐骑为孔雀

云冈石窟第 10 窟鸽子雕刻

在云冈石窟的雕刻中，鸟类形象在动物图案中也占有很大比重，数量较多。具体表现为：1. 长尾鸟，一般位于拱形龛端，其特点为尖嘴圆眼，头上有饰物，双翅，双爪，有大而长的尾，通身雕有鳞纹，部分口含宝珠。此类鸟的形象在云冈中晚期雕刻中大量出现。2. 孔雀，第 8 窟门拱西侧雕有一只孔雀，为鸠摩罗天坐骑，造像端庄古朴，线条简洁流畅。孔雀眼睛大且圆，头上羽毛舒展，尾端略卷曲，尖嘴，口中含宝珠，通身饰有鳞纹，尾巴上卷，双爪强壮有力。3. 鸽子，在云冈石窟中可见三处，分别位于第 9、10、15 窟，形象较为抽象，多为飞翔的姿态。在第 10 窟窟门门拱处的须弥山下，化生童子手持璎珞，在璎珞中间雕有种类繁多的动物，其中就有鸽子的雕刻，鸽子昂首，双翅收拢，似在为穿越云层奋力飞翔。4. 另外还有鸟形纹饰，在第 6 窟中心柱顶部雕有单幅的鸟形图案。它们尖嘴，长颈，双翅，双爪，花尾。图案变化多样，造像个性突出。

云冈石窟第6窟鸟形纹饰雕刻

除此之外，在石窟中还出现了更为生活化的动物形象，如马、骆驼。在石窟中马的形象一般出现在佛经故事中。在第12窟后室南壁、第16窟附洞佛龛的一侧出现了马队的雕刻，这两幅图像均取材自佛经故事——商人奉食，故事讲述佛陀在菩提树下修行了整整七日，丝毫未动。树神看到后心里想：佛陀已经在树下整整修行了七日，从未进过食，也没有人为佛陀进献食物，我应当请人来为佛陀献食。此时，正好有五百名商人带领马队经过此地，其中有两名商人，一位名叫提谓，另一位名叫波利，他们率领众商人向树神祈福。树神献身说此刻佛陀正在优留国界尼连禅水边修行，但没有献食者，你们如果心怀善意，为佛陀进献食物，将会得到福报。众商人听到佛陀的名字后，心中十分欢喜，认为佛陀是第一圣人，受到天神的尊敬，于是马上为佛陀献上了麨蜜。在表现该故事的图像中，佛龛的一

云冈石窟第 12 窟南壁佛龛表现商队的雕刻中出现马匹的形象

云冈石窟第 16 窟附洞佛龛出现马匹的雕刻

云冈石窟第6窟佛传故事中关于马的雕刻

侧雕有几位商人,他们双手合十,虔诚礼拜佛陀。马匹身驮货物,徐徐前行。

同时,马还以坐骑的形象在石窟中频繁出现。在第6窟的佛传故事中,在表现释迦太子出游四门、逾城出家、白马吻足的画面中,均有马的形象出现。在出游四门的画面中,释迦太子骑在马上,马匹身形健硕,左前、后腿同时向前迈出,似乎正在徐徐前行。在第6窟的明窗西侧雕有白马吻

云冈石窟第 6 窟明窗西侧白马吻足

足的画面,画面中白马匍匐在释迦太子的脚边,亲吻着释迦太子,表现出依依不舍之情。

云冈石窟中动物图案题材的雕刻取材广泛,不仅有现实生活中常见的动物,也有神话传说中的动物。同时,动物图案的表现方式也多种多样,有的以纹饰的形式出现,有的以故事组合的形式出现。这既是对现实世界的真实反映,又再现了佛教信徒心中的佛国世界。

云冈石窟佛经故事中的西来文化

中西交融 心灵之旅

一幅幅的雕刻在石窟中不仅展示了古印度的传统文化，同时也将浓郁的鲜卑文化、汉文化展现出来。中西文化在这里完美的交融，为世人描绘了一幅绮丽多彩的历史与文化长卷。

佛经故事是佛教文化传播的主要形式之一，这种生动、有趣的形式被广大信徒所接受，因此，也成为云冈石窟雕刻内容的重头戏。在石窟中目前存有佛经故事雕刻 220 余幅，可考证的为 198 幅，同时还有近百幅雕刻因风化严重不可辨识。

佛经故事早在古印度时就已出现，大多以佛传形式，讲述释迦牟尼从出生到布道，最后涅槃的故事。印度的巴尔胡特塔、桑奇大塔以及佛陀伽耶栏楯上就雕有本生故事，至贵霜王朝时期，犍陀罗、秣菟罗等地都出现了雕刻精美的本生故事图像。由于佛传故事本就取材于佛经，因此，作为外来宗教的衍生物，佛经故事中本就包含许多外来文化。云冈石窟的佛经故事有三类：本生、本行和因缘故事。

本生故事

本生故事指的是释迦牟尼在前几世发生的故事。据佛经记载，释迦牟尼在成佛前，是一位菩萨，需要轮回数世，在娑婆世界经受磨炼才能成佛。因此，古印度佛教徒结合民间传说、神话故事，创造出关于释迦牟尼前世的种种故事。

月光王施头

在云冈石窟第 7 窟前室东壁，雕有"月光王施头"的故事，虽然画面风化严重，但从现有痕迹依然可以判断。月光王施头的故事在三国时期吴国的翻译家支谦所译的《菩萨本缘经》就有记载。故事讲述的是月光王本是一位心怀慈悲的人，在他统治的王国内风调雨顺、国泰民安，百姓生活得十分幸福快乐，月光王凭着他的德政声名远扬，得到了百姓的拥护与爱戴。此时，邻国有一位国王听说月光王受到全国百姓的拥护和爱戴，十分妒忌，于是派遣一位婆罗门去索取月光王的头颅，婆罗门来到宫殿前大声唱言："我在远方就听闻了月光王的功德，月光王愿意为百姓布施一切物品，因此不远万里来到此处，想要向国王索取一件物品。"月光王听闻后十分欢喜，出门迎接问道："此行是否路途疲惫，随你所愿，无论是城池、妻子，还是珍宝车辇，又或是金银财宝、奴婢仆使，我都可以给你。"婆罗门回答说："布施一切外物都不如布施身肉的功德大，我远道而来，就是想要国王的头颅，如果您愿意施舍，就将头颅布施于我，功德无量。"月光王听后，为了无量的功德，决定七日后将自己的头颅布施给婆罗门。

云冈石窟第 7 窟前室佛本生故事 "月光王施头"

月光王的五百名大臣听闻后，十分着急，于是，带着由七种宝物做成的头颅来探访婆罗门，并对他说："国王的头颅混合了血肉，是不洁之物，您要这不洁之物有何用？今天我带来了用七种宝物做成的头，以换取国王的头颅，您拥有了宝物，便可终身富足。"婆罗门回答道："我不需要财宝，得到国王的头颅是我的愿望。"过了七日，婆罗门要取月光王的头颅，对国王说："你正值壮年，力大无比，一定不能忍受砍斫的疼痛，到时你一定会反悔，因此我要将你的头发绑在大树上，这样才能砍你的头。"月光王将头发系在树上，对婆罗门说："你砍去我的头，头坠入我的手中之后，你从我的手中将头取走。如今我将头施舍给你，不求魔梵及天帝释转轮圣王三界之乐，以求无上正真之道，度化众生，寻求涅槃之乐。"此时，婆罗门举手想要砍斫月光王，树神见此，大怒，问道："这样慈悲之人，为什么要杀他？"随即将婆罗门的刀打在地上。这时，月光王对树神说："我过去世曾在这棵树下布施了九百九十九个头颅，如今再一次施舍头颅，就满一千个了。施舍此头，便可得无上道。"于是，婆罗门将月光王的头砍了下来。

昙摩绀闻偈焚身

在第7窟前室东壁上层北端雕有"昙摩绀闻偈焚身"，据《贤愚经》卷一记载：在阎浮提有一大国，国王名叫梵天王，他的儿子昙摩绀虔心向佛。他为了寻求正法，派遣人四处寻求可以为他讲法之人，但最终没有找到。帝释天感受到了他的诚意，便化作婆罗门来到太子的大殿上，自称通晓佛法之人，愿意为太子说法。太子听后非常高兴，急忙请求为他说法。谁知婆罗门话锋一转，对太子说："学佛法是十分难的，我的学识是日积月累苦心钻研才有了今天的成就，如今我为你说法，你难道想轻而易举就得到？"太子对佛法心怀虔诚之心，对婆罗门说："大德，为了听您讲法，宫中的一切财宝任您挑选，甚至我的生命。"婆罗门故意刁难太子说："好，那我就要你的生命吧，你派人挖一个大坑，坑中燃火，你若能投身火中焚身，供养佛法，我必为你宣讲佛法。"太子不假思索地答应了他的要求。

消息传到王宫，国王夫妇及群臣婇女都来劝导太子，然而太子不愿改变主意。到了那天，诸小国国王和百姓都来劝导太子，想让他改变主意，但太子说："我过去历经生死轮回，还不曾一心向佛，今天愿意以自己的身躯供养佛法，我一旦学得正道，便将五分法身施于你们。"说着就站到了火坑边上，对婆罗门说："请您为我说法。"于是婆罗门为太子讲演佛法，当太子听到佛法后，就要纵身跳入火坑。此时，帝释天和梵王各自挽起太子的手，试探太子说："太子，国内的一切众生还要依赖你的恩泽，你若是投火自焚，天下的百姓犹如失去了父亲。佛法你已经听完了，又何必去舍身呢？"太子回答道："我求无上道是为了天下永无灾难，没有任何事可以阻挡我追求无上道。"说完便纵身跳向火海。当时天地震动，虚空诸天，泪如雨下，火坑瞬间变成莲花池，太子端坐于莲花之上，安然无恙。

云冈石窟第 7 窟前室佛本生故事 "昙摩绀闻偈焚身"

舍身饲虎

"舍身饲虎"的故事雕刻于第7窟主室北壁下层尖拱龛两侧,第35窟东壁盝形龛右侧,由于风化严重,仅剩痕迹。"舍身饲虎"收录于《金光明经》卷四《舍身品》,讲述了一个慈悲而勇敢的太子舍身救虎的故事。相传很久以前,在南瞻部洲有一个名叫摩诃罗檀囊的大国,国王有三个儿子,其中幼子叫摩诃萨埵。有一天,三位王子在郊外打猎,突然发现山崖下有一只母虎刚刚生下七只幼崽,但此时母虎却因为饥饿而奄奄一息。萨埵看到后,顿时心生怜悯,他想:我应该将自己的身体布施给老虎,否则若是母虎饿死,小虎也一定无法存活。

于是,他便找借口离开了两位兄长,独自返回到山崖,纵身跳下,献身于母虎,但是老虎由于饥饿过度,竟然无力启齿,只能呆呆看着王子。见此情形,王子用竹竿自刺脖颈,鲜血汩汩地流出,母虎舔着鲜血,逐渐恢复了精神,开始大口撕咬王子的身体。

二兄长迟迟不见弟弟赶来,急忙回去寻找弟弟,但是只看到了老虎吃剩下的白骨残骸,两兄长伤心欲绝,昏死过去。国王夫妇知道此事后,他们将王子的白骨起塔供奉,以纪念心怀慈悲、怜悯万物的儿子。而萨埵也因此转生兜率天,得到福报。

这三则本生故事充满了浪漫主义色彩,将现实与神话、佛教教义完美地结合起来,在美妙的故事中反映出颇多的异域文化。

佛教本是西来文化,东传之后虽然融合了汉文化,但古印度本土文化

云冈石窟第7窟后室佛本生故事"太子萨埵舍身饲虎"

的仍显现在故事中。

在第一、二则故事中主要人物除国王和王子，还有一位贯穿整个故事的人物——婆罗门。在第一则故事中婆罗门有意为难月光王，要砍下国王的头颅，在第二则故事中婆罗门要王子投身火海，那么婆罗门的身份及地位就成为理解故事的关键。在佛教创立之前，古印度流行的宗教之一为婆罗门教，婆罗门教把人分为四个等级：第一等级的人就为婆罗门，传说是从嘴里出生的。婆罗门一般为祭司、学者，作为等级最高的种姓，他们享有很多特权，不用承担各种赋税，也不得被处以死刑和各种肉刑。同时，如果向婆罗门进献礼物，还会得到好的果报，因此，有时婆罗门会拥有整个村庄。而作为皇族，在种姓的等级中，仅属于第二等级，由此我们也就能够理解为什么婆罗门能够让国王、王子自愿施舍自己的一切。

除此之外，这三则故事还让我们了解佛教教义中的布施。布施是梵语音译，即以慈悲心而施福利与人之义。布施能使人远离贪心，如对佛、僧、贫穷人布施衣食等物资，宣说正法，使人离开种种恐怖等，都是可以获得好的果报的。布施是佛教形成以来就存在的教义，因为在印度佛教形成初期，释迦牟尼及其僧团没有固定的修行场所，同时根据佛教戒律，僧人不能捉持金银等财物，要求僧人托钵乞食，以达到涅槃之境。因此，最初僧人的生存全赖信徒的布施，布施的内容也由最初的食物、衣物扩展到后来的钱财、房屋、土地等，这是佛教能否顺利发展的物质前提，也为后来形成寺院经济打下坚实的基础，所以在佛教的发展历史中，布施一直都是很重要的内容，因此，在佛教内部的僧团组织也十分重视这一点。在三则故事中，月光王、太子昙摩绀、王子萨埵皆为求无上道，发慈悲心，舍弃自己的生命，这是布施中的无畏施，所得功德最大。

睒子本生

除有表现布施的佛经故事，还有表现孝道的故事。在云冈石窟的第1、7、9窟中雕有"睒子本生"的故事。该故事是三国时随《六度集经》传入我国的，后来被列入我国十二孝之列。很久很久以前，有位菩萨名叫"一切妙"，他仁慈乐善，救济众生。有一天他得知在迦夷国中有一对老夫妇，膝下无子，且双目失明。菩萨心想，两位老人年岁已长，在山林中修行，如果没有人照顾，可能会遇到危险，日后待我寿终，便投胎做他们的孩子，供养他们。

菩萨寿终，投胎成为盲夫妇的儿子，名为睒子。盲父母精心养育睒子，渐渐地忘记了入山修行的誓愿。睒子10岁的时候，他跪在父母面前说："以前您曾发誓入山修道，求得解脱，岂能因为我的降生而改变想法呢？希望您二位能履行誓言，入山修行，我会侍奉二位安心修道。"盲父母听从了睒子的意见，决定入山修行，并且在入山修行之前，将家中的财物都施舍给了穷人。进入山中，睒子用蒲草为父母搭建了一座小屋，冬暖夏凉，十分舒适。他们居住的地方，果树丰茂，山水秀丽，一切猛兽都被睒子一家的德行所感化，他们和平共处，互不伤害。睒子每日采集野果，汲取清泉，日夜侍奉盲父母。

一天，睒子在小鹿、小鸟的簇拥下，身披鹿衣到溪边取水。这时迦夷国国王入山射猎，正巧看到了溪边身披鹿皮的睒子，误以为是一只麋鹿，于是引弓射箭，射中睒子。睒子忍痛说道："是谁这么狠心，一箭射杀三人。"国王听到后，顿时惊呆了，他万万没有想到，射杀的居然是人不是鹿。他迅速跑到睒子身边，奄奄一息的睒子对国王说："大象被杀是因为要取它的牙齿；犀牛被杀是因为要取它的角；翠鸟被杀是因为要取它的羽毛；麋鹿被杀是因为要取它的皮肉。而我什么都没有，你为什么要射杀我？"国王问道："你是谁，为什么身披鹿皮在山林中。"睒子说："我是您的子民，与盲父母一起入山修行，今天却被你射杀。"这时山风骤起，吹折树腰，百鸟哀鸣，百花枯萎，雷动天地。这一系列的变化让盲父母十分担忧，他们心里念叨："睒子取水已经出去很久了，怎么还不回来。"而国王发现自己射杀了睒子，十分懊悔，于是想将睒子胸前的箭拔出，但是伤口太深，根本拔不出来。睒子劝慰国王说："这不是您的过错，只是我死后，我的父母没有了依靠，无法生活。"国王说："你不要担心，如果我不能将你救活，我从此不再回宫，抛弃地位、财富，在山林中供养你的父母。"国王的话让睒子特别安慰，想到即使自己死去，盲父母也有人侍奉，内心不再担忧。接着国王问："你的父母在哪里？"睒子艰难地用手指着路说："从这条路走过去就会看到一座草屋，他们就住在那里。不过希望您能放轻脚步，不要惊吓到我的父母，同时对于我的事情也要委婉地告诉他们，不要让他们过于悲伤。"说完睒子便死去了，山林里的小动物似乎

云冈石窟第9窟前室佛本生故事"睒子本生——国王狩猎"

感受到了悲伤的气氛,围绕着睒子的尸体悲鸣号叫,为他舔舐身上的血迹。

  王国带着几个侍从赶往盲父母的家中,盲父母听到脚步声,马上判断出来人不是睒子。盲父母问:"来者何人?"国王向盲父母行礼,答道:"我是迦夷国国王,听说你们在这里修行,所以来供养你们。"寒暄了一阵,国王把睒子的事情告诉了盲父母,盲父母得知自己的儿子被国王射死了,仰天哭号,悲痛万分。盲父母对国王讲着睒子的孝行:"我的儿子,是天底下最孝顺最仁慈的孩子,他走在地上都担心踩痛大地,他犯了什么罪,你要射死他?"国王懊悔地陈述着刚才发生的一切,并且对盲父母说:"从今以后,我愿意放弃王位,在山林中侍奉您二位。"说完,就将两位

云冈石窟第9窟前室佛本生故事"睒子本生——父母哭号"

老人带到了睒子尸体旁,盲父母一位抱着睒子的头,一位抱着脚,哭喊着:"诸天、龙神、山神、水神,睒子的孝行你们都是知道的,为什么还要让他如此悲惨。"盲父母用舌头舔舐着睒子的伤口,说:"让我代替睒子去死吧,上天,如果您知道睒子的孝行,就让他重新活过来吧。"盲父母悲号的声音传到了天宫,天宫震动,帝释天低头一看,原来是两位盲夫妇在为死去的儿子悲伤哀嚎,于是便从虚空中抛下神药,百鸟将神药放入睒子的口中,睒子一下子坐了起来,复活了。盲父母得知儿子死而复生,热泪盈眶,双眼也复明了。

风停了,云开了,泉水涌出,百鸟鸣唱,池中绽放出无色莲花,国王看到睒子死而复生,无比高兴,当即发出诏令,献出自己所有财物供养修行人,同时从此以后禁止狩猎。

云冈石窟中反映忠孝思想的佛经故事有很多,"睒子本生"最有代表性。忠孝本是儒家所一贯推举的思想,即对君主要忠,对父母要孝,孔子就曾提出"君使臣以礼,臣事君以忠"的思想,认为无论是君臣还是父子都应长幼有序,遵守忠和孝的礼仪,同时对于君主和父亲的命令,臣子或是儿子都应无条件遵守,可见由于儒家所倡导的思想符合统治者的利益,所以自秦汉一直都处于正统地位。对于中国儒家思想中所倡导的对君主忠诚,对父母孝养的思想,在佛教发展初期,在其教义中是完全没有的。在古代印度,佛教以远离尘世为修行之道,同时印度佛教认为:天下之道,佛教为至上道,因此印度僧人不仅不拜父母,不拜君王,同时戒律规定出家之人必须剔除头发以及不能娶妻,不能生子。这些规定与戒律,显然与中国儒家思想中的某些观念是相矛盾的,例如:中国人认为身体发肤受之父母,因此是不能随便毁坏的,如果毁坏了就为不孝。同时,中国传统思想认为"不孝有三,无后为大",因此印度僧人的不娶妻,不生子的戒律,在中国人看来实在是大逆不道,因此佛教要想在中国得到很好的发展,就必须与中国的文化很好地融合。为此佛教在东传后,经过与中国文化的嫁接、生根、成长,逐渐在佛教的教义与思想上显示出了中国文化的特色。因此佛教在汉代初传时,来华译经的僧人为了使中国人能更好地接受佛教的文化与思想,便自觉地调整译文,与儒家思想中的伦理观念相融合。在中西文化交融的背景下，古印度原始佛教与中国传统思想相融合，不仅适应了中国古代的传统文化，同时也促进了佛教的发展与传播。

本行故事

除佛本生故事外，在佛教中还有数量相当多的佛本行故事。佛本行故事，也叫佛传故事，主要讲述的是释迦牟尼从出生到涅槃的种种事迹，故事将现实与神话相结合，充满传奇色彩。汉译的佛经中记述佛传故事的经典主要有东汉建安二年康孟详、竺大力所译的《修行本起经》，三国吴支谦所译的《太子瑞应本起经》，西晋竺法护所译《普曜经》等。在云冈石窟中，佛传故事主要位于第6窟。在第6窟的壁面上，北魏工匠不仅继承了犍陀罗文化，将释迦牟尼的一生精雕细琢于石窟之中，同时还将汉文化融入其中，使整个画面丰富多彩。故事"降神选择"讲述了佛陀在经历数世的修行后，终于修习成为兜率天的善慧菩萨。善慧菩萨心怀慈悲，决定降生人间救度众生，但菩萨无法决定自己将要降生到哪个国度。这时有位天人建议说："迦毗罗卫国五谷丰登，百姓诚实善良。该国的国王与王后乐善好施，但迄今膝下无子。"善慧菩萨听后，决定降生于此处。

第6窟的石雕画面中屋檐下方左侧雕一位头戴宝冠，身着短袖长裙的女性形象。她左手握佩帛，右手置于胸前，面向左侧，这就是迦毗罗卫国的王后摩耶夫人。画面右侧一上一下雕有两位身着短袍的形象。上方一位身负重物似在反顾回望摩耶夫人。下方一人双手合十，虔诚地礼拜王后，

云冈石窟第6窟佛传故事"降神选择"

云冈石窟第6窟佛传故事"礼贺母胎"

似乎在表达感谢。在人物中间摆放着摩尼宝珠和各式财宝，应该是摩耶夫人施舍给百姓的财物。

该画面不仅反映出古印度宗教信仰中的布施文化，同时还有摩尼宝珠的雕刻。摩尼宝珠来自于古印度，常用来供养佛陀，是祛病免灾的吉祥之物。此外，画面中的人物身着汉装，但却在古印度的故事情节中表现着异域文化的风采。

不久之后，摩耶夫人夜晚入睡后梦到一位菩萨乘着一头六齿白象进入了她的身体。摩耶夫人醒来后，觉得十分神奇，就将梦境告诉了净饭王。净饭王请相师占卜吉凶，相师对净饭王说："此梦预示着夫人有孕了。"国王夫妇二人听后十分高兴。

摩耶夫人怀孕后，世间出现三十二种祥瑞的景象，如树木自然生果，大地长出大如车轮的莲花，枯木复活等奇景。同时摩耶夫人具有了神力，受其抚摸就能祛除身体的疾病。

摩耶夫人怀孕足月后即将生产，但在古印度有个传统的习俗，女子生产时必须在娘家，于是摩耶夫人在众侍从的陪伴下连夜赶往娘家。在途中路过蓝毗尼花园，此时摩耶夫人正好有些累了，于是就走进蓝毗尼花园休息。当她走到一棵茂盛的菩提树下，右手抓住树枝时，太子就从摩耶夫人的右腋下生出来了。

画面中人物头戴宝冠或头梳高髻，身着夹领窄袖长裙，汉文化与鲜卑文化在画面中显现。而富有异域特色的古印度文化与习俗也在故事中大放异彩，譬如古印度怀孕的女子生产时要回娘家，而作为第二等级的刹帝利是从右腋下生出。在佛教东传的过程中，中西文化的融合，使佛教既扎根于中国，又保留着古印度的本土文化。

太子出生后，菩提树下生出了大如车轮的七宝莲花。太子分别向前、后、左、右各走七步，每走一步，地上就生出一朵莲花。同时他还举起右手，如狮子吼般说道："我是最尊贵的圣人，从今以后不再遭受生死的困惑，此生也会有益于天下众生。"话音刚落，四天王立即现身，并用天缯将其围护起来。帝释天撑起华盖，大梵天手持拂尘站在左右，天神向太子播撒鲜花，伎乐天为太子演奏美妙的音乐。

与此同时，菩提树前后突然涌出四眼井水，井水香洁，有八种功德。天空中突然降下二龙王，在空中喷洒一温一凉泉水，为太子清洗身体。在画面中，太子立于方台之上，头顶处雕有九条相互缠绕的大蛇。

第6窟此图虽为"九龙灌顶"，却是根据古印度的神话改编，二龙王变为九条龙，同时龙的形象表现为蛇的样子。在古印度，百姓对蛇最为崇拜，因此在这幅画面中，龙的样子仍然延续古印度的文化，表现为蛇的形象，这是对古印度传统文化的再现。同时也反映了古印度为新生儿洗澡的传统习俗，因此佛诞日四月初八也被称为浴佛节。

太子在蓝毗尼花园诞生之后，摩耶夫人的侍女就立即回到王宫，将太子降生的事情禀告给了国王。国王听到后十分高兴，马上带领群臣，接太子回宫。

云冈石窟第6窟佛传故事"胁下降生"

云冈石窟第6窟佛传故事"九龙灌顶"

太子出生后，净饭王想要知道太子的未来，便让深居山林的香山仙人阿私陀为太子占卜。阿私陀双手抱起太子，仔细端详后，对净饭王说："太子天生就有三十二相，八十种好。太子长到29岁时，若能留在宫中，必将继承王位，成为转轮王。但是如果他舍弃王位，离开王宫，也必将成为普度众生的圣人。"国王听后，又喜又惊，心中暗想，一定要将太子培养为统一四方的转轮王。

太子出生七天后，摩耶夫人去世，净饭王迎娶了摩耶夫人的妹妹，也就是太子的姨母。姨母心地善良且十分贤惠，太子在她的抚育下渐渐长大。太子长大后，国王便十分担心他会离宫修行，因此为太子挑选了五百位美丽婀娜的宫女，负责太子的起居、生活。同时还为太子建造了寒、暑、温三座宫殿。在三座宫殿中种植了许多珍奇异果，还修建了七宝池，池水清澈。池中的奇花异草还散发出浓郁的芳香。净饭王希望在优越、舒适的环境中太子能够健康快乐地成长。

在太子7岁的时候，净饭王召集群臣商议，希望在国内寻访一位知识渊博的老师为太子传授知识。之后国王便为太子建造了大学堂，并聘请了最好的老师，为太子传授各类知识。由于太子过于聪慧，不到五年的时间，就已经对知识掌握得很好了。于是，国王又派大臣去寻访名师教授太子。

在太子17岁的时候，净饭王便为太子娶妻了。在当时的古印度流行着比武招亲的习俗，因此，太子便与他的两位表兄比试武艺，胜者可以娶到美丽的公主。在武艺的较量中，太子以超人的力量和精湛的武艺赢得了

云冈石窟第6窟佛传故事"阿私陀占相"

美丽的姑娘。这位姑娘名叫耶输陀罗,不仅容貌美丽,而且聪慧贤淑,因此能够娶到这位姑娘,净饭王也十分高兴,认为如此美丽的姑娘一定能够缚住太子出家的心。

太子娶妻之后,净饭王还为太子挑选了许多相貌美丽、才学兼具的宫女取悦太子。但不知为什么太子仍旧郁郁寡欢,每到夜晚总是独自在宫中沉思。虽然宫中每日歌舞升平,丝竹之声不断,但这并不能吸引太子。一天,太子在宫中突然听到了美妙的歌声,循声而去,他看到了宫外美丽的风景,听到了潺潺的水声,于是他产生了出宫游玩的念头。净饭王知道后

云冈石窟第6窟佛传故事"太子较艺"

十分欣喜,于是允许太子出宫。但在出行之前,净饭王下令将太子所要经过的道路全部清洗干净,并且不允许闲杂人经过,同时还派遣能言善辩的大臣随太子出宫。

在一个风和日丽的早上,太子带领众侍从由东门出宫了。城中的百姓听说太子出宫,纷纷站在街道的两旁迎接他,希望一睹未来国君的面容。太子对道路两旁的百姓也频频致意。这时一位净居天化身成老人走到太子面前。太子看到弯腰驼背,手拄拐杖的老人,内心充满怜意,同时向侍从询问:"人为什么会老?"侍从回答道:"天下众生都会变老,无论贫穷

云冈石窟第6窟佛传故事"出游四门——遇老人"

富贵。"太子听后,内心十分悲伤,再也无心玩赏。

过了几天,太子又想出宫玩赏,于是携带侍从由南门出宫,但是净居天又化身为一位病人出现在太子面前。这位病人双手拄着拐杖,气喘吁吁,不能站立。太子随即问侍从为什么这个人看上去那么痛苦。侍从回答道:"因为他生病了,所以才会如此痛苦。"太子又问:"人人都会生病吗?"侍从回答道:"世间众生,无论贫穷富贵,都会生病。"太子听到这样的答案,内心十分痛苦,郁郁寡欢地回到了王宫。

又过了几日,太子再次想出宫。净饭王做了精心的准备,他不仅让最有智慧的侍从随行,同时还以鲜花铺满道路,选派最美丽的宫女在城外迎

云冈石窟第6窟佛传故事"出游四门——遇病人"

接。然而当太子一行走出西门时,净居天又化身为死人出现在太子面前。一行出殡的队伍浩浩荡荡地在道路中行进,其中有的人举着招魂幡,有的人哭嚎着。太子看到这个场景,内心十分好奇,连忙问侍从,这些人在干什么,为什么如此悲伤。侍从回答道:"因为有人去世了。"太子又问:"什么是死呢?"侍从回答说:"人一旦死去就如同草木一般,精神意识都会丧失。"太子听了后觉得十分伤心,于是又问:"是不是每个人都会死去?"侍从回答道:"世间的所有人,无论贫穷富贵,最终都会死去。"太子听到后,更加悲伤了。

在画面中送葬的队伍里,人们都头戴鲜卑风帽,身着鲜卑服。通过衣

云冈石窟第6窟佛传故事"出游四门——遇死人"

着可以得知,在孝文帝时期,鲜卑族一方面保留自己民族的文化,另一方面也接受了汉族的文化,因此在画面中,可以看到古印度、鲜卑、汉族文化的完美交融。

又过了几日,太子又想出宫游赏,在得到国王同意后,他们由北门出宫。当太子走到城外的一处园林时,净居天化身为修行者来到太子面前,对太子讲道:"修行后就不会再感受到人生的烦恼与欲望,由此就可以解脱了。"太子听到后当即决定出家修行。

太子回宫后，出家学道的心意已定，于是去觐见国王，同时向国王讲述自己对世间众生苦难的想法："父王，尽管我拥有世间最多的宠爱，但迟早会消失。为此我想出家学道，使世间众生不再遭受苦难。"净饭王听后，内心十分痛苦，一边握着太子的手，一边流着眼泪，伤心地对太子说："你正值壮年，却要将父母、妻子、国家全部抛弃，难道你不怕我伤心吗？"太子看着伤心的父亲，心中万分惭愧，但出家修行的心意仍十分坚定。净饭王看到太子如此坚定，无法挽留，只能叮嘱太子的妻子耶输陀罗尽量留有子嗣。同时迦毗罗卫国的大师们也预测如果七日内太子不离开，他就会放弃修行。净饭王听到这个预测后，非常高兴，于是派兵把守城门，同时叮嘱耶输陀罗看守太子。之后，净饭王又假意对太子说："既然你出家之心已定，我也不再阻拦，但是我希望你能留有子嗣。"听父王如此说，太子深感愧疚，于是用手指向耶输陀罗的腹部，耶输陀罗随即有孕。转眼间已到第七天，当夜晚来临时，负责看守太子的侍从都已十分劳累，昏昏睡去，太子坐在床榻边陷入沉思。这时耶输陀罗突然惊醒，对太子说做了三个梦："梦到月亮从天上掉下来了，牙齿从口中脱落了，右臂断掉了。"太子知道离别的时间到了，于是安慰耶输陀罗说："月亮还在天上，牙齿也在你的口中，右臂也没有脱落，一切都是梦境，你不要担心。"耶输陀罗听了太子的安慰后，又沉沉睡去，太子看到看守他的人都已睡去，于是就悄悄牵着马准备出城。

当太子牵着马走到城门时，却发现城门紧紧关闭，这时天上突然降下四天王托起马蹄,帮助他逾城出家。太子出城后来到了跋伽仙人的山林,他觉得这片山林远离闹市,十分适合修行,于是他翻身下马,抚摸着自己的白马说:"犍陟你已经帮我完成了心愿,你该回去了。"同时转身对侍从车匿说:"车匿,你跟随我那么久,我很感谢你。从今以后,你不用再陪伴我了,你与犍陟回宫吧。"太子说完取出七宝剑剃了自己的须发,换上法衣,走入山林。

  太子在苦修的过程中,突然意识到仅靠对肉体的折磨是不能解脱的,于是便放弃了这种传统的修行方式。太子在尼连禅河中洗掉了六年的积垢,之后又接受了牧羊女进献的糜乳,使虚弱的身体得以恢复。太子恢复体力之后,便在菩提树下端坐,并立下誓言:"如果不能领悟到人生解脱的道理,就不离开此地。"太子说出誓言后,魔王波旬的宫殿便发生了猛烈的震荡。波旬知道太子将要悟道,于是派出千万魔兵以及自己的三个女儿去阻止。面对魔兵的恐吓、魔女的诱惑,太子均不为所动。魔王波旬气急败坏地率魔众向太子发起猛烈攻击。顿时山谷震动,天昏地暗,海水涌动。而太子此时眉间的白毫发出万道光芒,魔兵的武器纷纷落地,化作一朵朵莲花,魔兵被击退,魔女也瞬间变为老妪。于是年近35岁的太子在菩提树下悟道成佛。

  佛陀悟道后,在禅定中思考如何救度众生,他认为在世间众生还有很多在受苦,因此佛陀决定持钵向众生乞食,为众生积福田。佛陀的想法被四天王知道后,拿着四个钵献给了佛陀。佛陀面带微笑地把四个钵用神力

云冈石窟第6窟佛传故事"耶输陀罗惊梦"

云冈石窟第6窟佛传故事"逾城出家"

云冈石窟第6窟佛传故事"犍陟吻足"

云冈石窟第 6 窟佛传故事 "降魔成道"

合为一个，这个钵也就成为佛陀乞食所用的食器。

佛陀来到了鹿野苑，为最初的五位弟子说法，之后这五人皈依了佛陀，并成就了阿罗汉的果位。

之后佛陀又从波罗奈城出发，在前往摩揭陀国布道。天色渐晚，佛陀停下来休息，不远处的尼连禅河的岸边居住着修习婆罗门教火祭之法的迦叶三兄弟。佛陀路过此处，便想向他们在此借宿。迦叶了解到佛陀的想法后回答道："借宿可以，但是没有空余的房间。只有一间房屋但是不能居住，因为里面住了一条火龙。佛陀听后，微笑着说，没关系，今晚我就住这里。"不出所料当晚恶龙口喷火焰，将整个石屋被熊熊烈火燃烧着。迦叶师徒忙率领众弟子运水扑火，尽管大家都在努力扑火，但火势并没有减弱，所有人都认为佛陀一定被烧死了。但是第二天早晨，佛陀却完好无损地从石屋走了出来，更为惊奇的是他还将火龙收服于钵中。之后佛陀还用神通征服了迦叶三兄弟及其弟子，僧团由此壮大起来。

上面谈到这则"降服火龙"的故事早在古印度犍陀罗艺术中就已出现，是佛传故事经常表现的题材，在佛教发展史上具有重要的意义。但是该故事却侧面反映了建立佛教之初，佛陀在传道过程中遇到的困难。当时古印度各种宗教并存，特别是婆罗门教拥有大量的信徒，因此如何能使外道皈依佛教，扩大僧团就成为佛陀当时传道最主要的任务。这则故事不仅是浪漫主义的神话传说，更是反映了当时的社会信仰文化。

云冈石窟第6窟佛传故事"四天王奉钵"

云冈石窟第6窟佛传故事"鹿野苑说法"

云冈石窟第6窟佛传故事"降伏火龙"

因缘故事

云冈石窟中的因缘故事主要集中于第9、10窟的南壁之上。因缘故事主要通过记述众菩萨、弟子教化的故事，从而教化信徒，使之虔诚信佛，供养以及施舍。这些故事大多根据《杂宝藏经》《贤愚经》《法显传》等经雕刻而成，画面生动，简单易懂。

这些故事有的表现佛教中的施舍，有的表现孝道，还有的表现教化，在曲折、生动的故事中，西来文化闪烁着耀眼的光芒。

阿输迦施土因缘

因缘故事"阿输迦施土因缘"在云冈石窟第19-1、5-11、5-38、5-39、25、29、33、34、35、38、39窟均有表现。画面通常为一立佛，一手持钵低垂，旁边三童子彼此以身为梯，努力攀高，其中一童子双手捧物似乎想要将物品放入钵内。该故事在《法显传》《付法因缘传》《贤愚经》中均有记载，主要讲述佛陀与阿难在舍卫城乞食时，遇到一群小孩在路边用土堆砌粮仓，其中一个小孩看到远远走来的佛陀，心生敬仰，便从粮仓中捧出一把"粮食"施与佛陀。但因为年幼，个子很矮，便蹬着其他小孩的肩膀将粮食放入佛钵之内，这些土后来被佛陀涂在佛居所的墙上。佛陀对阿难说："这个孩子将来会成为国王，名叫阿输迦，另外一个孩子会成为大王，他们将会统领四方国土，广设供养，并且建造八万四千座塔。"这位国王就是后来的阿育王。

故事通过"阿输迦施土"教化信徒要慷慨施舍,以供养佛陀,同时也反映出在佛教的初创期,佛陀及弟子均以乞食为生,因此该时期施舍就成为佛陀及其弟子生活的主要来源。

天女以莲花散佛化成华盖缘

"天女以莲花散佛化成华盖缘"出自《杂宝藏经》第五卷。讲的是舍卫国有一位女子在节日中采到阿怒伽花,入城时,正好遇到佛陀出城。女子十分欢喜,便将花撒到了佛陀身上,花瞬间变为华盖。女子命终后,生往三十三天。于是比丘问佛:"这位天女为何能够生往三十三天?"佛陀告诉他:"在过去世时,此女子出城采阿怒伽花,回来时正好与我相遇,就用花供养我,因此得善业。"

在佛经中表现供养的故事很多,对于供养的功德之大,佛经中也极尽赞美,这不仅是因为佛教初创时期,寺院经济的缺失,同时也是后世佛教得以迅速发展的根本原因。

尼乾子投火聚为佛所度缘

"尼乾子投火聚为佛所度缘"取材于《杂宝藏经》第八卷,主要表现于云冈石窟第9窟后室南壁。故事讲的是佛在舍卫城降化了众多不信佛教的外道后,只剩下五百尼乾子,他们准备燃火自焚,以求早日转生。佛陀知道了这个想法,想要救他们,于是施法让火无法燃烧。五百尼乾子觉得很奇怪,突然看到佛陀显示神通,现身火中,于是他们赞叹不已,虔诚皈依佛法。后来佛陀为这些人讲经说法,他们都得阿罗汉。在第9窟后室南

云冈石窟第18窟因缘故事"阿输迦施土"

云冈石窟第9窟后室南壁因缘故事"天女以莲花散佛化成华盖缘"

云冈石窟第9窟后室南壁因缘故事"尼乾子投火聚为佛所度缘"

壁尖拱龛内，佛陀结跏趺坐于须弥座之上，龛楣以火焰纹装饰，表示佛陀已入火光，龛外左侧上方雕有两身飞天，下方雕供养天合掌跪于莲台之上。龛外右侧纵列雕三人，上方为两位外道，他们瘦骨嶙峋，双膝跪地，这里表现的就是尼乾子的形象。

通过这些故事的讲述，再现了佛教初创期众多宗教派别并存的历史背景，同时也为反映出当时佛陀四方传道，不断扩大僧团，发展佛教的历史史实。

云冈石窟的佛教故事种类繁多，内容丰富。一幅幅雕刻在石窟中，不仅将古印度的传统文化展现出来，同时也将浓郁的鲜卑文化、汉文化包含在内。中西文化在这里完美的交融，为世人展现了绮丽多彩的历史与文化长卷。